Selbstbewusstsein trainieren und die Macht der Sprache entfesseln

MATTHIAS SCHWEHM

ISBN-10: 1502551675
ISBN-13: 978-1502551672

Inhalt

Deine neue Welt der wunderbar wirkungsvollen Kommunikation

Das **Selbstbewusstsein** ist der Dreh- und Angelpunkt im Leben eines jeden Menschen. Ein Mensch kann noch so intelligent sein – wenn er nicht selbstbewusst genug ist, seine Ideen, sein Wissen und sein Können überzeugend mitzuteilen, wird er ständig überhört und übergangen.

Das wirkungsvollste „Werkzeug" hierbei ist die **Sprache**. Wer etwas im passenden Moment klar auf den Punkt bringen kann, ist meistens im Vorteil. Deshalb ist es kein Wunder, dass nicht selten diejenigen befördert werden, die bei gleicher Ausbildung und Erfahrung **kommunikationsstärker** sind. Dasselbe gilt sinngemäß für die meisten anderen Lebensbereiche, so auch für die **Partnersuche**.

Diese Publikation wird Ihnen dabei helfen, **selbstbewusster** zu werden. Außerdem kann sie Sie wirkungsvoll darin unterstützen, den **Klang Ihrer Stimme** zu **trainieren** und die **Macht Ihrer Sprache** zu **entfesseln**. Ihre Stimme kann ein wunderbares Instrument sein – und in dem Maß, in dem Sie lernen, die Macht Ihrer Sprache zu befreien, wird es Ihnen auch leichter fallen, sich **durchzusetzen, klar Ihr „Nein" zu kommunizieren**, wirkungsvoll **angemessene Forderungen zu stellen**, andere **zu überzeugen**, mit ihnen **in Kontakt zu kommen** und vieles mehr. Wichtigste Voraussetzung: Sie selbst müssen es **wirklich wollen** und sich **aktiv** damit auseinandersetzen.

So lange das **Nein** noch wie ein **Jein** klingt und Überzeugungsversuche regelmäßig in kraftzehrende, frustrierende und vergebliche Überredungsversuche münden, so lange bleibt viel von Ihrer Energie auf der Strecke, und Ihre Botschaft kommt nur verwässert an.

In dem Maß jedoch, wie die **Wirkung** Ihrer gesprochenen Worte die transportierten Botschaften eindrücklich **unterstreicht**, wird Ihre **Kommunikation klarer und mitreißender** sowie Ihre **Wirkung als Persönlichkeit überzeugender und authentischer**. Wer es geschafft hat, sich vom „Überredenden" zur **vertrauenerweckenden Persönlichkeit** zu entwickeln, der erlebt sich als sehr viel freier und als sehr viel mehr in seiner eigenen Kraft.

Zu **überreden** gleicht oft einem Kampf, der **zwei Verlierer** zurücklässt: Den, der zu überreden versuchte, denn er kam nicht ans Ziel. Und den anderen, der aufgrund des fehlgeschlagenen Überredungsversuchs möglicherweise um eine wichtige Einsicht oder um einen wichtigen Nutzen gebracht wurde.

Hat ein Überredungsversuch doch Erfolg, bleibt meist ein fader Nachgeschmack zurück, weil noch irgendetwas Unklares mitschwingt. Gleichzeitig wirkt Überreden meistens zäh und energiezehrend.

Wer es dagegen schafft, mit der ganzen Überzeugungskraft seiner Persönlichkeit **andere zu begeistern**, der wird mit sehr viel **geringerem Aufwand** eine deutlich **stärkere und nachhaltigere Wirkung** erzielen. Zurück bleiben gute Gefühle bei allen Beteiligten – beide Seiten profitieren.

Erlaube mir schon jetzt den folgenden klaren Hinweis: Ähnlich, wie du als bloßer Zuschauer bei Sportveranstaltungen nicht fitter wirst, wirst du auch durch reines Lesen dieser Publikation kaum selbstbewusster werden. In dem Maß jedoch, wie du **dich selbst bewegst**, wächst deine Muskulatur und damit dein Fitness-Level. Im übertragenen Sinn gilt dieser Zusammenhang auch für die **Entwicklung deines Selbstbewusstseins**.

Übrigens duze ich dich jetzt nicht, weil ich unverschämt oder unaufmerksamer bin, sondern weil das *Du* eine sehr viel **stärkere, persönlichere Wirkung** hat als das förmlichere *Sie*. Falls wir persönlich miteinander in Kontakt kommen sollten, freue ich mich, wenn du mich ebenfalls duzt.

Darf es eine besonders tiefe Wirkung sein?

Steter Tropfen höhlt bekanntlich den Stein; und ein kontinuierliches Selbstbewusstseinstraining stärkt das Selbstbewusstsein. Wenn du eine Übung einmal pro Monat durchführst, wirst du eine gewisse Wirkung erleben. Wenn du dieselbe Übung wöchentlich praktizierst, wirst du dich über größere Wachstumsimpulse freuen können, und wenn du dasselbe täglich wiederholst, wirst du noch deutlich schneller wachsen können. Das klingt einleuchtend, oder?

Du alleine legst fest, wie schnell sich dein Selbstbewusstsein entwickeln darf. Mein Beitrag wird vor allem darin bestehen, dass ich dir einige der wirkungsvollsten Techniken und Methoden hierzu anbiete, die **du** dann **mit deinem Leben** und **mit deinen Zielen füllen** darfst.

Empfehlen möchte ich dir, diese Publikation zunächst am Stück durchzulesen, um dann aus dem Gesamtzusammenhang genau die Aspekte auszuwählen, die gerade jetzt die für dich wertvollsten sind. Manchmal können das gerade die Übungen sein, gegen die sich etwas in dir sträubt. Die Übungen dagegen, die dir ganz viel Spaß machen und die dir „locker von der Zunge gehen", bringen dich natürlich auch weiter, bei den erstgenannten sind die Wachstumsimpulse jedoch manchmal stärker.

Schon jetzt wünsche ich dir viel Spaß mit deinem wachsenden Selbstbewusstsein!

Glaubenssätze und Selbstbewusstsein

Des Menschen Glaube ist ja bekanntlich sein Himmelreich. Henry Ford, der Erfinder der Fließbandfertigung, hat es etwas pragmatischer formuliert: „Ob du glaubst, du schaffst es, oder ob du glaubst, du schaffst es nicht, in jedem Fall wirst du Recht behalten."

Auch wenn du den Begriff „Glaubenssatz" bisher vielleicht noch nicht kennengelernt hast: In deinem Kopf hast du viele, viele Glaubenssätze gesammelt, die deine Persönlichkeit in einem sehr viel höheren Maß prägen, als du womöglich erahnst. Glaubenssätze sind sozusagen das psychische Baumaterial, aus dem wir alle unsere Wirklichkeit(en) erbauen. Wirklichkeit ist hierbei zu verstehen als das, was (auf dich) wirkt.

Glaubenssätze kann man unterteilen in **nützliche** und in **störende** oder gar **zerstörerische**. Salopp wird oft auch von positiven und negativen Glaubenssätzen gesprochen. Nützliche Glaubenssätze unterstützen dich dabei, dein Leben in deinem Sinn zu gestalten. Negative Glaubenssätze setzen einem Menschen innere, unbewusste und damit unbemerkte Grenzen und Blockaden, die die eigene Welt unnötig einengen und unser Leben erschweren. Das Problematische hierbei ist, dass einem die eigenen Glaubenssätze meist nicht bewusst sind. Sie laufen im Hintergrund ab wie ein Programm im Computer, ohne dass wir es merken. Erst anhand einer bestimmten Wirkung kann man erahnen, welche Glaubenssätze davor ursächlich abgelaufen sein könnten. Dann ist es aber oft schon zu spät.

Als negatives Extrembeispiel kannst du dir vorstellen, du hättest dir gerade einen neuen, sehr leistungsstarken Computer gekauft. Anstatt jedoch das zu machen, was du von ihm erwartest, macht er etwas ganz anderes und stürzt auch noch ständig ab, obwohl er technisch vollkommen einwandfrei ist. Ursache: Du hast dir ein Computervirus eingefangen.

Analog hierzu lässt sich die Wirkung negativer Glaubenssätze begreifen: Der beste Biocomputer, also dein Gehirn, nützt dir nur in dem Maß, wie du „gute" Programme darauf laufen hast. Deine Glaubenssätze wiederum prägen einen großen Teil dieser Programme, eventuelle „Gedankenviren" bzw. problematische Glaubenssätze können für viel unnötigen Stress, Ärger, Misserfolge und im Extremfall sogar für Selbstsabotage und Schlimmeres sorgen oder mitverantwortlich sein.

Veränderungsarbeit an deinen Glaubenssätzen zu leisten hat gewisse Parallelen zur Programmierarbeit in der Computerwelt. Mit dem schönen Unterschied, dass du die erforderliche Programmiersprache hier extrem gut beherrschst: deine Muttersprache nämlich. Bereits mit relativ einfachen „Programmierwerkzeugen", von denen du einige gleich kennenlernen wirst, kannst du beachtliche Veränderungen an deinen „mentalen Programmen" bewirken – und in der Konsequenz an deinem Selbstbewusstsein und in deinem gesamten Leben.

Die Wirkung von Glaubenssätzen

Nützliche Glaubenssätze stärken dein Selbstbewusstsein. Sie eröff-
nen dir viele Möglichkeiten und laden dich dazu ein, dein Leben in deinem Sinn zu gestalten sowie erfüllend und motiviert zu leben. Das einzig
Problematische an positiven Glaubenssätzen kann darin bestehen, dass
man den einen oder anderen benötigten womöglich nicht hat. Erforder-
lichenfalls kannst du hier aber ziemlich problemlos „nachrüsten", wie du
gleich noch erfahren wirst.

Kommen wir etwas konkreter auf wirklich problematische Sätze zu
sprechen. Du kennst negative Aussagen wie: „Du Idiot!!", „Das schaffst
Du nie!", „Dafür bist du zu jung/zu alt", „Daran sind schon ganz andere
gescheitert", „Wie willst **du** das alleine schaffen?", „Mit deiner Ausbildung ist das unmöglich", „Ohne Geld geht das sowieso nicht" und so
weiter ... Je früher und je intensiver einem Menschen solche Sätze „ver-
abreicht" wurden, desto tiefer sitzen sie im Unterbewusstsein fest und
desto weitreichender kann ihre einschränkende oder gar zerstörerische
Wirkung sein, so die zugehörigen Modellannahmen.

Wer in der Tiefe seines Unterbewusstseins glaubt, er schaffe etwas
nicht, der verhält sich ungewollt entsprechend. Die Psychologie spricht
dann von einer selbsterfüllenden Prophezeiung. Im **Neurolinguistischen
Programmieren**, kurz auch **NLP** genannt, spricht man von negativen
Glaubenssätzen. Die **Transaktionsanalyse** kennt ein ähnliches Konzept,
das sie **Scriptsätze, Script** oder auch **Lebensskript** nennt. Gleich wirst du
auch noch das Konzept der **Introjekte** kennenlernen. Diese Fachbegriffe
sollen dich jedoch nicht verwirren. Ich möchte damit lediglich darauf
hinweisen, dass viele ähnliche Konzepte in ganz unterschiedlichen
Coaching- und Therapie-Schulen zuhause sind, was einen deutlichen
Hinweis auf den hohen Stellenwert der Glaubenssätze in der persönlichen Wachstums- und Veränderungsarbeit darstellt.

Egal, wie sich diese Konzepte nennen: Durch die Anwendung von auf
diesen Konzepten fußenden Techniken kannst du deine mentale Welt –

und in der Folge deine gesamte Gefühlswelt und auch deine Art, zu handeln oder nicht zu handeln – in einem erheblichen Umfang deinen Zielen entsprechend beeinflussen. Anders formuliert: Du als ein Mensch, der vermutlich in einem freien Land lebt und damit alle äußeren Freiheiten – ohne irgendwelche Gitter und Stacheldrahtzäune – hat, wirst durch glaubenssatzverändernde Techniken in die Lage versetzt, auch deine „Gitterstäbe im Gehirn" niederzureißen.

Was ist damit gemeint? Ein Beispiel kann dir das vielleicht besser veranschaulichen. Angenommen, ich würde dir die Aufgabe stellen, dich mitten in eine belebte Fußgängerzone zu begeben, um dort laut hörbar Shakespeare vorzulesen. Was sind IN DIESEM MOMENT die ersten Reaktionen in deinem Kopf und in deiner Gefühlswelt, wenn du dir vorstellst, das JETZT tatsächlich zu tun? Vermutlich fühlst du dich bei diesem Gedanken unwohl, womöglich zieht sich sogar einiges in dir zusammen und eventuell verkrampft sich auch dein Magen.

Spannend, oder? Und das, obwohl du gegen kein Gesetz verstößt. Deine Psyche reagiert jedoch so, als ob du gegen das ultimative Gesetz schlechthin verstoßen würdest. Sollte dieses Beispiel die angedeuteten oder ähnliche Reaktionen in dir ausgelöst haben, bist du gegen einige „Gitterstäbe" in Deinem Gehirn gestoßen. Alles klar?

Folgender Hinweis einer meiner Trainer hat mich vor Jahren sehr bewegt. Ich weiß nicht, ob es dir ähnlich ergehen wird, möchte dir diesen Hinweis jedoch auf jeden Fall auch anbieten. Extrem stark vereinfacht könnte man nämlich sagen, dass es genügt, den Glaubenssatz zu haben „Ich bin selbstbewusst!", um durch und durch selbstbewusst zu sein. Was macht dieser Gedankengang mit dir? Vielleicht ist deine Antwort so wertvoll, dass du sie dir gleich aufschreiben magst. Jedes Aufschreiben bewirkt übrigens eine Vertiefung. Vielleicht ist deshalb gerade jetzt der beste Zeitpunkt, damit zu beginnen?

Um wieder auf das Beispiel zurückzukommen: Ganz so einfach ist es leider nicht. Vom Prinzip her gilt jedoch die angedeutete Botschaft. Dennoch kann es natürlich ein langer Weg sein, bis es soweit ist. Das

Entscheidende ist jedoch, dass du bereits auf diesem Weg bist. Jeder weitere Schritt auf diesem Weg wird dich somit tendenziell selbstbewusster machen. Natürlich mit zwischenzeitlichen Tiefen – und vermutlich immer mehr Höhen. Eine spannende Reise in das Land des Selbstbewusstseins beginnt … ;-)

Wie Glaubenssätze entstehen und dein Selbstbewusstsein formen

Ein gängiges Denk-Modell über die Entstehung und Wirkung von Glaubenssätzen geht davon aus, dass insbesondere kleine Kinder die Tendenz haben, ausreichend oft sowie ausreichend emotional erlebte Glaubenssätze nach und nach zu verinnerlichen, um sie sich fortan unbewusst im Stillen immer wieder vorzusagen. Hierdurch entsteht eine Art „Schallplatte" im Kopf, die beim Angestoßenwerden immer wieder – gemäß der darauf enthaltenen Botschaft – dieselbe Wirkung erzielt.

Jede erneute Wiederholung, so die Modellannahme, bewirkt dabei, dass die Schallplatte immer mehr ins Unterbewusstsein gerückt wird, sodass man die Platte auf der bewussten Ebene immer weniger und irgendwann gar nicht mehr hören kann, was ihre Wirkung jedoch leider eben gerade **nicht** abschwächt. Ein weiteres Anstoßen dieser Schallplatte setzt jedes Mal eine Art Automatismus in Gang, der oft erst dann wieder zu einem Ende kommt, wenn die Schallplatte abgespielt ist.

Das Computervirus erkennst du analog dazu leider auch nie direkt. Du kannst es weder sehen noch hören, nicht fühlen, nicht riechen, nicht schmecken. Erst anhand „schräger" Aktionen deines Computers kannst du aufmerksam darauf werden, dass etwas nicht stimmt. Nur dann, wenn du einigermaßen erfahren im Umgang mit Computerviren bist oder eine entsprechende Software laufen lässt, wirst du das Problem ohne einen externen Spezialisten in den Griff bekommen können.

Kommen wir wieder auf die „Schallplatten" zurück. Leider reifen die auf den „Schallplatten" enthaltenen Glaubenssätze nicht immer von alleine mit, während das Kind erwachsen wird. So kann es sein, dass der Erwachsene, der als Kind immer wieder zu hören bekam „Sei gefälligst ruhig, wenn sich Erwachsene miteinander unterhalten", aus einem **ihm nicht bewussten** Grund ständig sprachlos wird in der Gegenwart anderer Erwachsener, die miteinander reden.

Sinngemäß ähnliche Gründe können auch ursächlich sein, wenn man kein klares Nein, keine angemessenen Forderungen und ähnliches formulieren kann. Auch das In-Kontakt-Kommen mit anderen Menschen, die Fähigkeit, vor Menschen frei zu sprechen, Reklamationen anzubringen, sich anderen gegenüber abzugrenzen und sich zu öffnen usw. sind in einem sehr hohen Maß durch entsprechende Glaubenssatz-Schallplatten vorgegeben, zumindest solange, wie die entsprechenden Schallplatten unverändert abgespielt werden.

Auf der logisch-rationalen Ebene haben wir als Erwachsene damit keine Probleme. Wir alle sind sprachlich bestens in der Lage, Nein zu sagen, im stillen Kämmerlein können wir jede beliebige Forderung formulieren, dort können wir auch meisterhaft reden usw. ... Ob wir das im jeweiligen Fall auch auf der psychischen Ebene schaffen, steht auf einem ganz anderen Blatt. Denn, um im Bild zu bleiben: Die Ursachen mancher Probleme sind im inneren Schallplattenarchiv zu finden und letztendlich auch nur dort zu lösen.

Manchmal werden solche unbewussten Glaubenssätze später hörbar, zum Beispiel beim Fluchen. Wenn einer also zum Bespiel schreit „Verdammt noch mal, jetzt habe ich Depp denselben Fehler wieder gemacht!", dann hat dieser Ausruf klaren Hinweischarakter auf die zugrundeliegenden Glaubenssätze. Diese könnten lauten: „Ich bin ein Depp" sowie „Ich mache ständig dieselben Fehler". Diese Schlussfolgerungen lassen sich zwar nicht eins zu eins ziehen, du wirst jedoch auf der richtigen Fährte sein, wenn du deinen detektivischen Spürsinn ab sofort in solche Bahnen lenkst.

Manchmal hat man das Glück, sich persönlicher Glaubenssätze bewusst zu werden, die man gerade im Stillen **gedacht** hat. Mit einiger Übung kannst du diese spezielle Form der Selbstbewusstwerdung steigern und intensivieren. Ich bin mir sicher, dass du, wenn du das eine Weile verfolgst, interessante Dinge über dich und deine Glaubenssätze erfahren wirst. Unter anderem deshalb, weil die eigenen Glaubenssätze einen wesentlichen Teil der eigenen psychischen Statik oder des psychischen Rückgrats bilden.

Selbsterkenntnis sowie Selbstbewusstwerdung ohne Glaubenssatzarbeit ist meines Erachtens unmöglich. Viele Formen der Veränderungsarbeit fußen geradezu auf Selbsterkenntnis und Selbstbewusstwerdung ... Kurz: Es gibt extrem viele gute Gründe, dich mit deinen Glaubenssätzen auseinanderzusetzen.

Insbesondere gilt auch: Nur **die** negativen Glaubenssätze, die dir bewusst werden, kannst du gezielt verändern. Diejenigen dagegen, die du zwar hast und die dich steuern, die du aber gar nicht kennst, bleiben logischerweise deinem willentlichen Zugriff entzogen. Achte also insbesondere auf solche Situationen, in denen du wie per Autopilot und entgegen deiner eigentlichen Absicht reagierst, und ergründe, ob es womöglich eine zugehörige Schallplatte gibt, ob also „Gitterstäbe in deinem Gehirn" deine innere Freiheit (und damit in der Konsequenz deine äußere Freiheit) begrenzen.

Sowohl positive als auch negative Glaubenssätze entstehen nach dem gleichen Prinzip, haben aber extrem unterschiedliche Wirkungen auf dein Leben. Wie du gleich erfahren wirst, kannst du eine an die prinzipielle Art der Entstehung von Glaubenssätzen angelehnte Technik dazu benutzen, negative Sätze aufzulösen und positive zu erschaffen. So kannst du deine Persönlichkeit und damit dein Selbstbewusstsein zielgerichtet formen.

Introjekte

Das Konzept der sogenannten **Introjekte** hat viele Gemeinsamkeiten mit dem Konzept der Glaubenssätze. **Introjektion** kommt aus dem Lateinischen und bedeutet so viel wie hinein- oder hereinwerfen. Die hierbei zugrundeliegende Vorstellung ist, dass der Mensch etwas von außen Angebotenes, nämlich z. B. ein ein Problem verursachendes Introjekt, in sich aufnimmt, und zwar absolut unbewusst und damit unzensiert. Ist dieses Introjekt erst einmal im Inneren, wird es immer wieder unbewusst aktiv und erzielt eine entsprechende Wirkung – vollautomatisch, wohlgemerkt. Ähnlich wie angestoßene Glaubenssätze schalten auch Introjekte das Gehirn auf Autopilot – im Positiven wie im Negativen.

Ein kurzer Exkurs in deine Zukunft: Selbstbewusstsein **GESCHIEHT** genauso vollautomatisch wie Unsicherheit, aber eben auf der Basis **anderer** Glaubenssätze. Sich selbstbewusst zu verhalten erfordert also **nicht** vor allem, sich mehr anzustrengen, sondern es erfordert entsprechende Glaubenssätze. In dem Maß, wie du diesen Umprogrammierungs-Prozess geschafft hast, wirst du dich genauso **automatisch** als selbstbewusst erleben können, wie du es zuvor mit deiner Unsicherheit erfahren hast. Das ist also der Gewinn, der dir winkt, wenn du eine Weile an dir und an deinen Glaubenssätzen gearbeitet haben wirst.

Zum Introjekt-Modell gehört auch die Überzeugung, dass ein Kind Introjekte umso weniger wahrnehmen kann, je jünger es ist – das kritische Wachbewusstsein ist im Kindesalter noch nicht stark genug ausgeprägt. Somit kann sich ein kleines Kind einfach nicht gegen solche Introjekte schützen.

Der erwachsene Mensch kann dies in dem Maß, in dem ihm **bewusst** wird, **was** da geschieht – **wenn** er gleichzeitig einen angemessenen Einfluss darauf ausübt. Dies bedeutet jedoch nicht, dass Erwachsene immun dagegen wären, sich neue Introjekte/Glaubenssätze „einzufangen". Im Positiven ist das ein Segen, im Negativen kann es wie ein Fluch sein.

Glaubenssätze, Lernen und Persönlichkeitsentwicklung

Ein Glaubenssatz wie „Mein Gehirn ist wie ein Sieb" kann einem lebenslänglich die Freude an jeder Art des Lernens vermiesen. Hat man diesen Glaubenssatz verinnerlicht und bemüht sich trotzdem zu lernen, wird man vermutlich erleben, dass sich das Gehirn tatsächlich tendenziell wie ein Sieb verhält und dass das Gelernte rasend schnell wieder vergessen wird. Jetzt kann man sich zu Recht vorwerfen: „Ich hab's ja gleich gewusst, dass das mit dem Lernen bei mir keinen Sinn macht". Damit leistet man leider – unbewusst, aber dennoch hochgradig wirkungsvoll – seinen eigenen **negativen** Beitrag dazu, dass es in Zukunft mit dem Lernen noch schlechter klappen wird. „Berechtigt" kann man sich dann erneut sagen: „Ich hab's ja gleich gewusst". Ist genug Zeit vergangen, kann man den Glaubenssatz „Was Hänschen nicht lernt, lernt Hans nimmermehr" zusätzlich auflegen und so weiter. Sicherlich geht es **dir** nicht so und du kennst auch keine Menschen, denen es so geht. Oder etwa doch?

Nicht wenige Menschen sind mit negativen Glaubenssätzen über ihr Lernvermögen so zugemauert, dass ihr Gehirn kaum noch ein Hintertürchen finden kann, um angesichts dieser vielen Negativ-Programmierungen **doch noch** etwas lernen zu können bzw. lernen zu dürfen. Hierzu muss man übrigens **nicht** bereits erwachsen sein. Schon viele Kinder **können** kaum noch lernen – aufgrund ihrer intensiven Negativ-Programme. Woher diese negativen Glaubenssätze vermutlich gekommen sind, dürfte auf der Hand liegen. Ich möchte hier jedoch nicht den Zeigefinger erheben, sondern lediglich aufmerksam machen. Je mehr Bewusstheit du entwickelst, desto gezielter kannst du Einfluss nehmen.

Ein kleiner Exkurs mit Preisfrage: Welchen Nutzen wird einem lernmäßig mit negativen Glaubenssätzen zugepflasterten Kind Nachhilfe bieten? Ja, deine Antwort ist richtig: Fast KEINEN Nutzen. Was hier zuerst anstünde, das wäre, die Negativ-Glaubenssätze aufzulösen, damit das Gehirn überhaupt wieder „durchatmen" kann. Das ist übrigens auch unser Ansatz im Selbstbewusstseinstraining mit Kindern und Jugendlichen. Dasselbe gilt sinngemäß für ein zugemauertes Erwachsenen-Selbstbewusstsein. Ich hoffe, du findest dich in diesem Exkurs nicht wieder. Falls doch, wirst du jetzt einiges besser verstehen, oder? Außerdem wirst du diese Selbsterkenntnis gleich dergestalt nutzen können, dass du aus dem bisherigen „Sieb" einen „Schwamm" oder einen „Lernmagneten"/„Lernturbo" machst.

Konkret gefragt: Wie sieht es mit deinen Glaubenssätzen über deine Fähigkeit, zu lernen, derzeit aus? Bestimmt hast du nur lern-nützliche Glaubenssätze wie: „Mein Gehirn saugt neues Wissen auf wie ein trockener Schwamm das Wasser", **oder**? Oder noch nicht? ;-) Schreibe alles unzensiert und ungeordnet auf, was dir in den Sinn kommt. Das wird dir zu einem späteren Zeitpunkt eine wertvolle Grundlage sein.

Raus aus der Tretmühle

Wenn etwas **nicht funktioniert**, ändern viele Menschen leider nicht den Ansatz, sondern sie machen weiter mit dem, was **nicht** funktioniert. Einziger Unterschied: Sie strengen sich **noch mehr** an. Dann klappt es zwar immer noch nicht, aber weil sie glauben, dass das eben nur zeige, sie müssten sich **noch mehr** anstrengen, strengen sie sich unverändert auf eine Weise an, die nun leider immer noch nicht funktioniert und so fort.

Anstatt weiterer Lern-Einheiten, die weiterhin kaum fruchten werden, könnten einige Coaching-Sitzungen bei einem guten Coach genügen, um das Kind oder den Erwachsenen von seinen inneren Lernblockaden in Form von negativen Glaubenssätzen oder Introjekten zu befreien – und zwar für immer. Danach kann das Kind bzw. der Erwachsene mit dem leichten, lebendigen, motivierenden Lernen mit einem inneren Lächeln beginnen. Das sind doch tolle Aussichten, oder? Selbiges kann man natürlich auch selbst bewirken, zumindest zu guten Teilen, wie du gleich erleben wirst.

Warum erzähle ich dir hier so viel über Kinder und übers Lernen, wo du doch erwachsen bist und es um die Entwicklung deines Selbstbewusstseins geht? Ganz einfach: So kannst du besser verstehen, wie du zu dem wurdest, der du bist. Verstehe dies nun bitte nicht als Einladung dazu, deinen Zeigefinger auf die zu richten, die dir mutmaßlich einige negative Glaubenssätze mit auf deinen Lebensweg gegeben haben. Schließlich bist du vermutlich schon seit einer Weile älter als 18 und damit für deine psychische Programmierung oder Umprogrammierung voll und ganz selbst verantwortlich. Nun kannst du dir hier das dazu nützliche Handwerkszeug (bzw. „Mundwerkszeug") abholen, um diese Arbeit auch sauber durchführen zu können.

Fatale Mechanismen in gewünschte Bahnen lenken

Lernen und Persönlichkeitswachstum oder Selbstbewusstseinsstärkung gehören, wie schon ausgeführt, untrennbar zusammen. Analog dazu, wie negative Glaubenssätze das Lernvermögen schwächen, schwächen sie auch das Selbstbewusstsein, und umgekehrt werden das Selbstbewusstsein und das Lernvermögen durch positive Glaubenssätze gestärkt. Diese Zusammenhänge sind dir inzwischen längst klar.

Ein wunderbarer Glaubenssatz lautet: „Was andere können, kann ich schon lange". Wenn du diesen Glaubenssatz dein eigen nennen kannst, wirst du immer wieder erleben, wie dir dein Körper und deine Psyche ein Extremmaß an Motivation bereitstellen. Vollautomatisch. Das kennst du bereits, oder?

Falls noch nicht: Nagle dir diesen Satz über deinem Bett an die Wand, damit er deinem Bewusstsein nicht mehr entfliehen kann. Etwas weiter unten wirst du eine Technik kennenlernen, um dich mit diesem Satz so wirkungsvoll „neuronal zu impfen", dass ihn selbst der weltbeste Gehirnchirurg mit allen bisher entwickelten Eingriffsmöglichkeiten nicht mehr entfernen könnte. Dann kannst du auch deinen an die Wand genagelten Reminder frohen Mutes wieder entfernen. Du hast ihn ja nun dort, wo er wirkt: in deinem Gehirn.

In Kurzform gilt: **Zuerst** kommt der Glaubenssatz, **dann** die Wirkung. Begegnet dir somit auf deinem Erkenntnisweg eine **ungewünschte** Wirkung in oder an dir, lief unmittelbar zuvor vermutlich ein **negativer** Glaubenssatz in dir ab, den du nun unter die Lupe nehmen kannst, um ihn gleich ein für alle Mal ins Nirwana zu befördern, wenn du dies möchtest.

Weißt du, wo typischerweise die am besten bezahlten Psychologen sitzen? Nicht in den Praxen zum Kassentarif, sondern in den Werbeagenturen und in den Werbeabteilungen großer Firmen. Warum gerade dort? Na, ich denke, du ahnst die Antwort bereits. Werbung hat unter anderem zum Ziel, **Introjekte** zu platzieren. Wenn der Kunde dann zum Beispiel beim Einkaufen vor dem Zahnpastaregal steht und in Gedanken das Liedchen von der Zahnpasta aus der Werbung mit den strahlend weißen Zähnen trällert, dürfte ziemlich klar sein, auf welche Zahnpastatube seine Wahl fallen wird. Der weit verbreitete Glaubenssatz, dass „bei mir Werbung sowieso nicht wirkt", tut ein Übriges, sodass die Werbung oft vollkommen unzensiert und in teilweise extrem hohen Dosen konsumiert wird.

Das prinzipiell Gute daran ist, dass dieser Prozess eben auch dann wirkt, wenn du ihn selbst steuerst, in deinem eigenen Sinn. Etwas später wirst du erfahren, wie du in deinem Gehirn deine Werbetrommel für dich und dein Leben so rühren kannst, dass dein Maß an Selbstbewusstsein keine Frage des Zufalls, sondern eine Folge deiner eigenen Aktivitäten sein wird.

Was glaubst **du** momentan darüber, inwieweit Werbung bei dir wirkt? Wenn du magst, kannst du dich ja mal eine Weile dabei beobachten, in welchem Maß du in Gedanken hin und wieder die Werbung trällerst oder wie Werbeslogans, die entsprechende Hintergrundmusik, Teile der dargestellten Szenerien usw. über deinen „inneren Bildschirm" flimmern.

Stattdessen kannst du natürlich auch beobachten, inwieweit du bereits deine eigenen Ziele oder gar deine dich erfüllende Lebensvision vor dich hin trällerst. Je mehr du das tust, desto mehr dürftest du bereits auf deinem wahren Lebensweg unterwegs sein und umgekehrt.

Also: Werde der Werbetrommelmeister deines Lebens, damit du dein selbstbewusstes Leben meisterhaft leben kannst, und damit die anstrengenden Zeiten, in denen es dir hin und wieder an Selbstbewusstsein und Durchsetzungsfähigkeit mangelte, endgültig deiner Vergangenheit angehören.

Befreiung aus dem inneren Gefängnis

Was noch ganz wichtig zu wissen ist, bevor wir uns mit der Auflösung negativer Sätze befassen werden: Oft treten negative Glaubenssätze nicht isoliert auf. Stattdessen entwickeln mehrere miteinander verwobene, ähnlich gerichtete Glaubenssätze das, was als **Selbstsabotageme-chanismus**, **Gedankenvirus** oder auch als **Glaubenssystem** bezeichnet wird. Hierdurch wird die Wirkung einzelner Glaubenssätze zusätzlich potenziert. Ebenso kann das Erkennen und die nachfolgende Auflösung der darin enthaltenen **Kernglaubenssätze** hierdurch extrem erschwert werden.

Hat man einen einzelnen Glaubenssatz wirkungsvoll aufgelöst und kehrt dieser nach einiger Zeit wieder zurück, kann das ein wertvoller Hinweis darauf sein, dass man **nicht** am Kernglaubenssatz gearbeitet hat, sondern eher an einem um diesen herumschwirrenden **Satelliten-Glaubenssatz**. Solche Satelliten- oder Nebenglaubenssätze werden mutmaßlich durch die Kernglaubenssätze energetisch genährt.

Entfernt man einen Kernglaubenssatz, lösen sich in der Regel auch die von diesem genährten Satelliten-Glaubenssätze auf, vollautomatisch, wobei dieser Prozess eine Weile dauern kann.

Wenn du dir also die Zeit nimmst, **Kernglaubenssätze** herauszufiltern, kannst du dir viel wirkungslose Glaubenssatzarbeit ersparen. Mit „Zeit nehmen" meine ich nicht, wie dir vermutlich bereits klar sein dürfte, dass du dich hinsetzen solltest, um auf negative Kernglaubenssätze zu warten. Sondern ich meine damit, dass du dich möglichst oft dazu eingeladen fühlen darfst, deinen inneren Monologen zuzuhören, um so in dir auftauchenden Kern-Glaubenssätzen auf die Spur zu kommen.

Sinngemäß dasselbe gilt natürlich auch für die Aussagen, die du laut von dir gibst. Hier kannst du auch gute Freunde und Bekannte mit einbinden, denen du die Erlaubnis erteilst, Glaubenssatz-Erkennungs-Detektiv bei dir zu spielen – und umgekehrt. Das kann den Zusammenhalt stärken und wird in jedem Fall die jeweiligen Glaubenssatz-Wahrnehmungs-Detektoren sensibilisieren und stärken. Aber Vorsicht!: Wenn du ständig Glaubenssatz-Detektiv bei anderen spielst, kann das die Beziehung auch stark belasten.

Als Bild kannst du dir vorstellen, das Negativ-Glaubenssatzkonglomerat wäre wie ein gemauerter Staudamm einer großen Talsperre. Diesen Staudamm (das Negativ-Glaubenssatzkonglomerat) möchtest du nun einreißen. Wenn du an den falschen Stellen mit dem Einreißen beginnst, wirst du viele, viele Steine entfernen müssen, bis das Wasser freien Lauf hat. Du kannst jedoch auch dort ansetzen, wo dir die Wasserkraft sowie die Schwerkraft helfen, den Damm einzureißen. Je schneller du einen solchen Dammbruch bewirken kannst, desto einfacher geht es. Fleißig zu sein alleine macht hier wenig Sinn – die Strategie macht den klaren Unterschied.

Wie aber kannst du nun konkret negative Glaubenssätze auflösen? Die Positiv-Denker werden sagen: „Durch positives Denken natürlich". Das mag nicht schaden, meine persönliche Erfahrung ist jedoch die, dass positives Denken alleine im Regelfall nicht genügt. Sollte es bei dir ausreichen und dir bereits gute Dienste geleistet haben, kannst du es natürlich gerne beibehalten.

Viel wirkungsvoller ist es nach meiner Erfahrung, negative Glaubenssätze mit neuen Inhalten zu **„übersprechen"**, ähnlich wie beim Besprechen des Anrufbeantworters oder (wer kennt das noch?) beim Besprechen einer Tonkassette. Ähnlich wie man weder einen Anrufbeantworter noch eine Tonkassette **mental „bedenken"** kann, kann man auch sein Unterbewusstsein nicht so „bedenken", dass es eine tiefe, dauerhafte Wirkung hätte.

Sobald man neue Glaubenssätze via Sprache fest genug in seinem Gehirn verankert hat, hat man damit die vorherigen Glaubenssätze automatisch gelöscht bzw. überschrieben. Stattdessen wirken nun die neuen, gewünschten.

Das **Rezept** für das Auflösen von Negativ-Glaubenssätzen besteht also darin, sich neue, gewünschte Glaubenssätze „einzureden", und zwar mit deutlich hörbarer Stimme. Was es bei der **Entwicklung** dieser neuen Glaubenssätze zu beachten gibt, wirst du ebenfalls gleich noch erfahren.

Aus eigener Erfahrung würde ich sagen, dass das **Übersprechen** bzw. das Sich-selbst-**Einreden** mindestens um einen Faktor 20 stärker wirkt als ein reines „**Überdenken**", wobei nach meiner Erfahrung, wie bereits erwähnt, vieles dafür spricht, dass eine rein gedankliche Neuprogrammierung oft sogar überhaupt nicht funktioniert. Du kannst das gleich mit den nachfolgenden Übungen in deinem eigenen Leben auf Gültigkeit überprüfen.

Das **Übersprechen** bzw. **Einreden** funktioniert außerdem umso besser, je mehr Energie im Spiel ist. Bis zu einem gewissen Limit zumindest: Sobald **zu viel** Energie im Spiel ist, klappt das Neubesprechen nicht mehr so gut. Deshalb wäre beispielsweise eine extrem euphorische Stimmung zu viel des Guten. Bei zu wenig Aktivierung wiederum klappt es mit dem dauerhaften Behalten auch nicht. Schließlich ist für unser Gehirn nichts behaltensunwerter als das Alltägliche oder Langweilige. Optimal ist somit eine mittlere bis stärkere Aktivierung. Du kannst damit einfach herumexperimentieren, bis du mit deinen Ergebnissen zufrieden bist.

Da unser Gehirn automatisch mit jedem Lernvorgang auch die gleichzeitig vorhandene Stimmung mit abspeichert und an die neuen Inhalte koppelt, empfiehlt es sich, die Übung idealerweise aus einer positiven Stimmung heraus zu praktizieren. (Um das plastisch zu begreifen, ruf dir einfach dein Lieblingsfach und dein Horrorfach aus deiner Schulzeit in Erinnerung und dir ist klar, was damit gemeint ist.) Hierzu braucht es wiederum ein wenig Übung.

Wo du beginnen solltest, dein Selbstbewusstsein zu befreien

Am meisten an Selbstbewusstsein hinzugewinnen wirst du erfahrungsgemäß, wenn du dort beginnst, wo es am stärksten belastet ist. Drückt zum Beispiel dein Singledasein sehr auf dein Selbstbewusstsein, beginnst du damit, erlebst du dich eher beruflich als in deinem Selbstbewusstsein eingeschränkt, dort; und so weiter.

Nach und nach kannst du dir folgende Lebensbereiche mit der inneren Frage anschauen, inwieweit du dich jeweils als angekommen und als angemessen frei und selbstbewusst erlebst: Status, Autorität, Beziehungen, Nähe, Moral & Ethik, Partnerschaft, Gruppen, Körperlichkeit, Sexualität, Leistungsfähigkeit, dein Frau- bzw. Mann-Sein, deine Möglichkeiten und Grenzen, Lebenserwartung, Macht, Geld, Liebe, Glück, deine Familie, Herkunft, Gesundheit, Glauben, Intelligenz, Talent, Gedanken, das „andere Geschlecht", Manieren und Höflichkeit, deine Zukunft, Sport und Fitness, Freizeit und Freizeitgestaltung, deine Persönlichkeit und so weiter.

Du erlebst das als einen riesigen Berg Arbeit? Das kann gut sein. Aber da du sicherlich noch viele Lebensjahre vor dir hast, und diese vermutlich lieber mit einem angenehmen Rückenwind als mit unvorhersehbaren Sturmböen aus wechselnden Windrichtungen erleben möchtest, wird sich die Arbeit lohnen. Oft tritt übrigens der Effekt auf, dass man mit zunehmenden Erfolgen immer mehr Freude daran gewinnt, weiter an sich zu arbeiten. Häufig beschleunigt sich auch bei gleicher Intensität die Geschwindigkeit des Wachstums. Manchen Menschen macht diese Arbeit sogar so viel Spaß, dass sie ihre Berufung darin finden und einen Beruf daraus machen. So ging es zum Beispiel auch mir. ;-)

Ohne weitere Theorien zu bemühen, möchte ich dir nun eine sofort anwendbare, hoch wirkungsvolle Technik anbieten, die mir selbst und auch vielen Menschen, die ich kenne, gute Dienste geleistet hat. Sofern du nicht den Glaubenssatz hast „Bei mir ist alles anders, und was bei anderen Menschen funktioniert, funktioniert bei mir sowieso nicht",

wirst auch du damit sicherlich recht flott gute Wirkungen erzielen. Solltest du ebenjenen Glaubenssatz haben, beginne mit diesem und „be-
weise" dir dadurch, dass dieser Satz nicht (mehr) „stimmt". Automatisch
hast du dir dann auch bewiesen, dass die Technik wirkt. In jedem Fall
werden dabei deine stimmliche sowie deine körpersprachliche Ausdruckskraft mit jeder weiteren Wiederholung wachsen. Falls du es nicht
voll und ganz glaubst: Probiere es aus!

Die Technik des verbalen Selbstcoachings

Mit der folgenden Technik kannst du gleich mehrere Fliegen mit einer Klappe schlagen: Dein stimmliches und dein sprachliches Ausdrucksvermögen werden wachsen, du kannst dich von begrenzenden Glaubenssätzen verabschieden, motivierende Glaubenssätze hinzugewinnen, deine gesamte persönliche Ausstrahlung wird wachsen und du kannst dein Selbstbewusstsein sehr intensiv trainieren.

Insgesamt gesehen wird die energetische Ausstrahlung deiner Persönlichkeit mit jeder einzelnen Wiederholung ein höheres Niveau erreichen. Wenn du das lange und wirkungsvoll genug tust, werden andere an dir **das** wahrnehmen können, was man als **Charisma** bezeichnet. Zurecht kannst du das folgende Training somit auch als Charisma-Training auffassen, zumindest, wenn du es einige Jahre lang betreibst.

Die folgenden Beispiele sind als Muster anzusehen. Du kannst sie so benutzen, wie sie sind, du kannst sie aber auch frei verändern. Bei eventuellen Änderungen achte jedoch darauf, dass du die Grundregeln zur Entwicklung positiver Glaubenssätze berücksichtigst, die du im weiteren Verlauf noch kennenlernen wirst.

Wenn du diese von dir übungshalber gesprochenen Beispiele, die ich meist als **Rezitationen** bezeichne, aufzeichnest, kannst du sie auch in solchen Situationen nutzen, wo ein hörbar lautes Sprechen nicht angemessen oder dir unangenehm wäre. Intensiver wirkt jedoch dein eigenes, aktives Sprechen. Wenn das aber gerade nicht passt, ist das eventuell auch wiederholte Anhören auf jeden Fall eine gute Alternative.

Dieses Anhören kannst du z. B. kurz **vor** einem wichtigen Meeting oder vor einer anderen wichtigen Situation durchführen, um dein Selbstbewusstsein noch einmal bewusst zu pushen. Nach und nach kannst du unterschiedliche Rezitationen für jeweils spezielle Einsatzzwecke entwickeln und einsetzen.

Ich selbst habe solche von mir für mich gesprochenen Rezitationen z. B. vor bestimmten Redesituationen sowie in speziellen Pausen eingesetzt, phasenweise auch vor dem Einschlafen oder unmittelbar nach dem Wachwerden. Speziell fürs Einschlafen macht es natürlich Sinn, eine entsprechend zum Einschlafen einladende Stimmqualität einzusetzen, eine „Schlafzimmerstimme" sozusagen, wie man sie im müden Zustand ganz von alleine gebraucht. Mit einer Stimmqualität, die eher an einen militärischen Befehlston erinnert, könntest du dir, wenn du das möchtest, dagegen morgens „Beine machen" etc. ...

In Kurzform gilt: Setze in jedem Fall die der Situation bzw. dem Ziel angemessene Stimmqualität ein. Eine piepsige, leise Stimme für die folgenden das Selbstbewusstsein stärkenden Rezitationen zu wählen, wäre mit Sicherheit kontraproduktiv.

Aufgebaute Stimmungen wie auf Knopfdruck abrufbar machen

Schon jetzt möchte ich dich auf eine wertvolle Option aufmerksam machen. Die später aufgebauten Stimmungen kannst du nämlich zusätzlich in deinem Körper verankern und damit jederzeit abrufbar machen, indem du genau dann, wenn du in einer guten Stimmung bist, deinen Körper auf eine für dich passende, möglichst einzigartige Weise berührst, drückst oder eine möglichst einzigartige Bewegung machst.

Wiederholst du zu einem beliebigen späteren Zeitpunkt diese Berührung oder Bewegung auf **dieselbe** Art und Weise, wirst du spüren, wie dein Körper binnen Sekunden von alleine annähernd dieselbe Stimmung aufbaut – wie auf Knopfdruck. Die Behavioristen bezeichnen das übrigens als **konditionierten Reflex**, man nennt das auch **erlernte Reiz-Reaktions-Kopplung**, NLPler sprechen von einem **Anker**, in diesem konkreten Fall von einem kinästhetischen (körperlichen) Anker.

Ich persönlich habe meistens ganz am Ende bei dem „Yeeeeaaahhh"-Ruf geankert, indem ich die Faust geballt und nach vorne/oben in die Luft gerissen habe, wie man es bei einem Freudenausbruch oft von innen heraus tut. Will ich zu einem späteren Zeitpunkt diese gute Stimmung reaktivieren, muss ich nicht die ganze Rezitation wiederholen, sondern ein stummes Ballen und Hochreißen meiner Faust kann in Sekundenbruchteilen fast dieselbe Wirkung erzielen. Man geht übrigens davon aus, dass jede gleichartige Wiederholung den Anker tendenziell sogar noch zusätzlich verstärkt oder zumindest in seiner Wirksamkeit erhält. Also keine Angst vor häufiger Nutzung. ;-)

Die folgenden drei Rezitationen kannst du dir übrigens unter http://www.intsel.de/Rezitationen.php **herunterladen** und **ausdrucken**.

Anhören kannst du sie dir auf der Seite

www.intsel.de/login/ rezitationen.php

(Groß- Kleinschreibung beachten, vor „rezitationen.php" ist ein „_" –
ein Unterstrich bzw. underline (engl.).

Deine Zugangsdaten:

Username: Selbstbewusstsein

Passwort: trainieren

Rezitation „Ich bin energiegeladen wie die Sonne"

Ich liebe das Leben und deshalb liebe ich den Erfolg.

Wieder liegt ein aufregender, faszinierender Tag vor mir.

Zielstrebig, konsequent und voller Power nähere ich mich meinen Zielen wie eine Rakete im Anflug.

Dabei bin ich so stark wie ein Eisbrecher und so mitreißend wie ein Orkan.

Meine Begeisterung lässt mich erbeben und sprühen wie einen feuerspeienden Vulkan.

Meine gewaltige Selbstsicherheit lässt Negatives abprallen wie eine Stahlbetonwand einen Ball.

Ich bebe vor innerer Erregung, denn heute kann ich erneut beweisen, zu welchen Meisterleistungen ich fähig bin.

Dabei übertreffe ich deutlich meine Erfolge von gestern.

Ich nutze meine gewaltigen inneren Urkräfte.

Yeeeeaaaaaah!!!!!

Rezitation „Ich beginne meinen Tag voller Power"

Ich   beginne   meinen   Tag   voller   Power.

Dabei fühle ich, wie ich mit jedem Tag über mehr Kräfte verfüge.

Mein Selbstbewusstsein wächst von Tag zu Tag.

Voller Stolz blicke ich auf meine bisherigen Erfolge zurück.

Grenzen reiße ich nieder wie die Brandung eine Sandburg.

Konsequent stürme ich auf meine klar gesteckten Ziele zu.

Meine Zielstrebigkeit reißt mich jeden Tag erneut mit.

Mein gewaltiger Optimismus begeistert jeden.

Ich bin frei und mitreißend wie ein wunderbarer Wind.

An vielen Tagen übertreffe ich mich aufs Neue.

Ich nutze meine gewaltigen inneren Urkräfte.

Jaaaaaaaaa!!!!!

Rezitation „Mehr Selbstbewusstsein für meine erfüllte Zukunft"

Auch heute erlaube ich mir wieder zu wachsen. Wichtige Erkenntnisse, positive wie negative, dürfen mein Bewusstsein erreichen. Jedes Mal, wenn ich etwas sage, darf sich mein sprachliches Ausdrucksvermögen weiterentwickeln. Da es auf der ganzen Welt keinen Menschen gibt wie mich, bin ich einzigartig und damit unvergleichbar, so wie auch jeder Diamant einzigartig und unvergleichbar ist.

Da ich sowieso nie wirklich wissen kann, was andere Menschen über mich denken, kann ich die Frage, was andere eventuell über mich denken könnten, genauso gut ziehen lassen. Stattdessen kann ich mehr bei mir und in meinem Leben bleiben.

Meine Gedanken gehören zu mir, und sie gehören mir ganz alleine. Die Gedanken, die ich teilen möchte, darf ich teilen. Jedem Menschen, dem ich begegne, darf ich ein inneres Lächeln schenken, manchen auch ein äußeres. Jedes Lächeln, das mir begegnet, darf ich bewusst wahrnehmen und ich darf es als Bestätigung dafür ansehen, dass ich liebenswert und auf meinem Weg bin. In dem Maß, wie ich mich gut fühle, gewinne ich zusätzliche Bestätigung für meinen Weg. Meine Ziele, die bewussten wie auch die unbewussten, geben mir Motivation und Orientierung. Bereits erreichte Ziele, bewusste wie unbewusste, können mir jederzeit beweisen, was ich schon erreicht habe und was in mir steckt.

Meine persönlichen Werte, die bewussten wie auch die unbewussten, geben mir Klarheit, Stabilität und Orientierung. Gleichzeitig unterstützen sie mich dabei, wichtige Entscheidungen zu treffen. Meinen persönlichen Stärken erlaube ich zu wachsen.

Jedes Mal, wenn ich eine meiner Stärken lebe, darf das weitere Wachstumsimpulse setzen und es darf mir ein Lächeln ins Gesicht zaubern. Auch mein Lächeln ist ein verlässlicher Hinweis darauf, dass ich auf meinem ganz persönlichen Lebensweg bin.

Probleme, die mir in meinem Leben begegnen, sind speziell für mich und für mein weiteres Wachstum gemacht. Wenn ich mich damit auseinandersetze, schrumpfen die Probleme, und meine Persönlichkeit wächst. Probleme beinhalten also meine ganz persönlichen Wachstumsimpulse, und deshalb darf ich sie willkommen heißen. Je zügiger ich mich diesen widme, desto schneller kann ich sie hinter mir lassen und weitere Wachstumsimpulse dazugewinnen.

Auch in anstrengenden Lebensphasen darf ich lächeln. Die hierdurch freigesetzten Glückshormone erhöhen meine Anziehungskräfte auf andere Menschen und sie erlauben mir, eleganter durch die Anstrengungen zu gleiten.

Alle meine Gefühle, angenehme wie unangenehme, gehören zu mir, und jedes Gefühl kann eine wichtige Botschaft für mich bereithalten. Unangenehme Gefühle zeigen mir manchmal an, dass es etwas für mich zu tun gibt, angenehme Gefühle zeigen mir oft, dass ich zuvor etwas in meinem Sinn getan habe und dass ich auf meinem Weg bin. Ich darf mich an allen meinen Gefühlen erfreuen, und ich darf auch alle meine Gefühle zeigen. Wie andere erwachsene Menschen damit klarkommen, das überlasse ich vollkommen diesen.

Ich bin ich, und so, wie ich bin, bin ich ganz in Ordnung. Und mit jedem weiteren Tag darf ich – und damit auch mein Selbstbewusstsein – weiter wachsen. Vielleicht nicht immer, aber immer öfter.

Yeeeeaaaaaah!!!!!

Selbstcoaching: Übungsanleitung

Empfehlen würde ich dir, vor allem in der ersten Woche möglichst 3 x 5 Minuten täglich einzuplanen, gerne auch mehr oder öfter. Diese insgesamt 15 täglichen Minuten werden binnen weniger Wochen vielfältige Früchte tragen, wie du bald spüren wirst. Bei mir selbst schlug die Wirkung der Übung übrigens zum Ende der zweiten Woche so richtig ein, wobei natürlich jeder seine eigene Geschwindigkeit hat. Sei also gespannt, wann bei dir die Sicherungen durchknallen. ;-)

Nach drei Wochen kannst du, wenn du magst oder es deine Zeit erfordert, auf z. B. eine tägliche Wiederholung reduzieren. Natürlich darfst du auch öfter trainieren, denn umso schneller wirst du an deinem Ziel sein.

Übe zunächst mit **einer** einzigen Rezitation, und verlasse dich bei der Auswahl ganz auf dein Gefühl. Wenn du nach einigen Wochen merkst, wie intensiv diese Rezitation bereits wirkt, kannst du eine andere hinzunehmen oder auf diese umsteigen. Natürlich kannst du dir auch eine eigene, maßgeschneiderte Rezitation erstellen. Was es bei einer solchen Erstellung zu beachten gilt, erfährst du bald.

Suche dir eine Umgebung, in der du ungestört mindestens in Zimmerlautstärke sprechen kannst. Das kann dein Büro sein, vielleicht ein Raum im Keller, draußen beim Joggen, beim Autofahren (soweit vertretbar), im parkenden Auto und so weiter. Auch das Stehen im Stau kann, so genutzt, eine ganz neue Qualität bekommen.

Solltest du zunächst noch ein Alibi benötigen für die anderen Autofahrer, die dich vielleicht interessiert beobachten, ziehe dir einfach ein Headset auf oder stecke dir einen Freisprech-Clip ans Ohr. So wirkt es, als würdest du ein intensives Telefongespräch führen. Mit gewachsenem Selbstbewusstsein kann es dir nach und nach eine besondere Freude bereiten, immer öfter ohne das Headset deine sprachliche Ausdruckskraft und deine neuen Glaubenssätze zu trainieren und zu vertiefen.

Das fortgeschrittenere Üben praktizierst du dann an einem schönen Sommertag mit laut hörbarer Stimme in deinem mit offenem Verdeck mitten in der Fußgängerzone stehenden Cabrio sitzend, während du von Kamerateams umlagert bist, die diese „Show" live und weltweit übertragen ... ;-)

Sofern du insbesondere am Anfang die Möglichkeit dazu hast, diese Selbstcoaching-Übungen vor einem Spiegel zu machen, würde ich dir dringend dazu raten. Du wirst erleben, dass das die Wirkung zusätzlich steigert. Im Folgenden gehe ich davon aus, dass du vor einem Spiegel stehst. Sollte das gerade nicht der Fall sein, legst du diese Anleitung einfach sinngemäß aus.

Kleb deine aktuelle Rezitation, die du (wie schon erwähnt) unter http://www.intsel.de/Rezitationen.php herunterladen und ausdrucken kannst, so an den Spiegel, dass du sie gut lesen und dich gleichzeitig gut dabei sehen kannst. Sprich diesen Text nun so intensiv, so überzeugend und so eindringlich, wie es dir im Moment möglich ist. Gerade am Anfang kann es gut sein, dass du mit dir noch nicht sehr zufrieden und vielleicht schon nach dreimaliger Wiederholung ziemlich k.o. bist. Das ist vollkommen normal und in Ordnung. Mit zunehmender Übung wirst du spüren, wie die dir zur Verfügung stehende Energie, deine Überzeugungskraft und auch deine Begeisterung wachsen werden.

Übrigens geht es nicht darum, möglichst laut zu schreien und so womöglich deine Stimmbänder überzustrapazieren – wobei tatsächlich auch ein gelegentliches, dosiertes Schreien eine starke, positive Wirkung hat.

Wenn du magst, kannst du dich dabei auch filmen oder einen Audiomitschnitt machen und beispielsweise nach ein paar Wochen einen Vorher-Nachher-Vergleich anstellen. Auch wenn du am Anfang vielleicht wenig davon überzeugt bist, dass dein Auftreten wirklich filmreif ist, kannst du es danach als ein wunderbares Beispiel deines persönlichen Erfolges für die Entwicklung weiterer Wachstums-Glaubenssätze sowie zur Veranschaulichung deiner stimmlichen und körpersprachlichen Trainingserfolge heranziehen.

Hinweise und Empfehlungen für die erste Woche

Möglicherweise erlebst du dich zum allerersten Mal überhaupt in deinem Leben sprechend vor einem Spiegel. Für die erste Woche gilt: Reden wird sehr, sehr groß geschrieben und Selbstkritik ist absolut verboten. Gerade Perfektionisten oder Kontrollettis, also Menschen mit einem hohen Kontrollbedürfnis, wird diese Nicht-Selbstkritik sehr schwerfallen. Du bist doch sicherlich weder ein Perfektionist noch ein Kontrolletti, oder? Falls doch, darfst du dir erlauben, deinem mutmaßlichen inneren Drang nach Selbstkritik mindestens eine Woche lang standzuhalten, ohne ihm nachzugeben. Spannend, was du dabei erleben darfst, nicht wahr?

In der ersten Woche geht es für dich vor allem darum, überhaupt ein Sprechgefühl bei dieser Technik zu entwickeln und dir gleichzeitig die Sätze einzuprägen. Für körpersprachliche Wahrnehmungen und größere stimmliche Variationen wirst du wahrscheinlich noch nicht allzuviel inneren Spielraum haben. Die wichtigste Devise für die erste Woche lautet ganz einfach: Spreche möglichst jeden Tag 3 x 5 Minuten, (fast) egal wie. Nach der Devise: „Besser kann nur der werden, der überhaupt anfängt".

Ich selbst kam mir in den ersten Tagen ziemlich lächerlich vor bei dieser Übung und war positiv überrascht, wie sich das am Ende der ersten Woche langsam legte. Vielleicht startest du ja auf einem angenehmeren Level?

Bevor du nun also weiterliest, darfst du üben, üben, üben, und damit mental und psychisch wachsen, wachsen, wachsen und wachsen. :-) In sieben übungsreichen Kalendertagen sehen wir uns wieder! ;-)

Hinweise und Empfehlungen für die zweite Woche

Nun dürften bei dir einige der Sätze schon ziemlich gut sitzen. Beginne jetzt allmählich mit verschiedenen Betonungen, unterschiedlichen Lautstärken und unterschiedlichen Sprechpausen zu experimentieren. Vermutlich dürftest du mittlerweile festgestellt haben, dass du dich mit dem Redner, der dir im Spiegel gegenübersteht, schon ein Stück weit angefreundet hast. Damit ist ein wichtiger Teil geschafft, und du darfst dir anerkennend auf die Schultern klopfen.

Bereits in dieser Woche ist es möglich, dass du dich in eine gewisse Trancetiefe, die manchmal von einer länger nachwirkenden Euphorie und von Glückshormonen begleitet sein kann, hineinreden kannst. Hierbei wirst du spüren, dass die von dir gesprochenen Worte nicht einfach nur Worte sind, sondern dass diese Worte in deinem Inneren und aus dir heraus eine immer stärker werdende Wirkung entfalten. Diese Erfolgserlebnisse werden dir weiteren Auftrieb geben. Manchmal dauert es länger, bis man diese Trance-Phänomene mitsamt der Ausschüttung von Glückshormonen erleben darf. In jedem Fall werden sie eintreten. Diese Glückshormone werden übrigens dein weiteres Wachstum wie ein Turbo unterstützen.

In dieser zweiten Woche darfst du beginnen, auf deine Körperhaltung, auf deine Bewegungen und auf deinen Blickkontakt zu achten. Halte deinen Körper tendenziell aufgerichtet und in einer angenehmen Spannung, sei also weder angespannt noch abgeschlafft. Lass deinen Händen und Armen freien Lauf. Experimentiere ruhig eine Weile, gerade auch mit deiner Atmung, bis du dich wohlfühlst. Allmählich wirst du auch im Alltag feststellen, wie diese Sprechübungen positiv abzufärben und auszustrahlen beginnen. Vielleicht hast du sogar bereits positive Rückmeldungen über die an dir wahrnehmbaren Veränderungen bekommen?

Worte alleine bewirken wenig. Stets kommt es auf die sich dahinter befindlichen Energien an. Erlaube dir, mit diesen Energien frei zu experimentieren, und kaspere ruhig auch ein wenig herum. Nur so kannst du herausfinden, was außerhalb deines bisherigen Repertoires gut zu dir passt. So verschiebst du deine Grenzen stimmig nach außen und gewinnst innere Freiheit dazu.

Flirte mit dir durch den Spiegel hindurch, lass es krachen. Strahle dich an, himmle dich an, begeistere dich, gewinne den Menschen im Spiegel, reiße dich mit. Mein Eindruck ist, dass der Körper hierdurch Oxytocin ausschüttet, das auch als Bindungshormon bekannt ist. Forschungen haben erwiesen, dass Oxytocin unter anderem beim Singen und bei angenehmen Berührungen ausgeschüttet wird, vermutet wird, dass auch intensive Blickkontakte den Oxytocinspiegel steigen lassen. Als weitere Wirkung schreibt man diesem Hormon eine Verstärkung des Wohlgefühls und eine Zunahme an Vertrauen zu. Sicherlich wird dein Körper, wenn du diesen Zustand erst einmal erreicht hast, noch einige weitere Wohlfühl-Hormone ausschütten – vollkommen rezeptfrei und mit vielen angenehmen Nebenwirkungen. Lass dir die Hormoncocktails gut schmecken – Prost!

Solltest du ein Kontrolletti oder ein Perfektionist sein, wirst du womöglich abwarten wollen, bis alle diese Wirkungen tatsächlich auch wissenschaftlich bewiesen sind. Alternativ kannst du es aber auch halten wie der bekannte Altgrieche Demosthenes, der stotterte, eine sehr schwächliche Stimme hatte und deshalb bösen Spott ertragen musste. Sein Traum war es, ein großer Redner zu werden. In unbeobachteten Momenten nahm er einen Kieselstein in den Mund und trainierte seine Redefähigkeit, indem er zu Bäumen, Pflanzen sowie zu Tieren sprach. Sein Erfolg machte sich im vielfachen Wortsinn bezahlt. Später ging er sogar in die Geschichte ein als einer der begnadetsten Redner der damaligen Zeit. Solltest du also nicht stottern, hast du noch größere Erfolgsaussichten als Demosthenes. Lediglich ein Kieselstein trennt dich von deinem Durchbruch. ;-)

Auf eine Kurzformel gebracht lautet also das Erfolgsrezept zur Entwicklung deiner mitreißenden Stimme: TUN – ganz einfach TUN, **T**ag **U**nd **N**acht. ;-)

Du kannst versuchen, dir deine Stimme selbstbewusst zu denken. Ob das funktioniert, sei dahingestellt. Mit Sicherheit wirst du es jedoch schaffen, wenn du es **tust**. Am besten JETZT SOFORT, und immer öfter, bis du gar nicht mehr anders kannst bzw. gar nicht mehr anders magst.

Hinweise und Empfehlungen für die Zeit ab der dritten Woche

Vermutlich spürst du nun bereits eine deutliche Wirkung. Jetzt gilt es, die gesamte persönliche Überzeugungskraft, die du schon freisetzen kannst, in jede weitere Übungsfolge hineinzulegen. Es darf dir nun auch dann Glücksgefühle bereiten, wenn nach einigen Wiederholungen deine Energietanks relativ leer sind. Schließlich trainiert das deinen Körper und deine Psyche dahingehend, diese Energietanks immer schneller wieder aufzufüllen. So wirst du in Gesprächssituationen, wo es wirklich darauf ankommt, deutlich mehr Energie zur Verfügung haben, als du dann tatsächlich benötigst. Dieses energetische Oberwasser kann bewirken, dass du zukünftig auch in für dich in der Vergangenheit anstrengenden Gesprächssituationen lächelnd in dir ruhen kannst.

Kennst du das beruhigende Gefühl, in einem Auto mit vielen Sicherheitseinrichtungen und Reserven unterwegs zu sein? Sicherheitseinrichtungen, die dich zwar dein Geld gekostet haben, die du aber idealerweise niemals zu Gesicht bekommen bzw. erleben wirst. Auch wenn sie hinter Abdeckungen usw. versteckt sind: Sie geben dir einfach ein gutes Gefühl.

Ähnlich kann es sich mit deinen von dir erworbenen „Sprechreserven" verhalten: Sie sind ein Bestandteil deiner Persönlichkeit, und wenn du sie benötigst, stehen sie dir sofort zur Verfügung. Benötigst du sie nicht, spürst du dennoch, dass sie da sind, und sie helfen dir dabei, auch in exponierten Gesprächssituationen souverän und überlegt agieren zu können. Typischerweise spürt übrigens auch dein Gegenüber, dass du mehr drauf hast, und so muss es gar nicht erst zum Äußersten kommen.

Durch dein weiteres Üben gilt es insbesondere auch, sicherzustellen, dass du deine neuen (Glaubens-) Sätze nie wieder vergisst. Wenn du mal den einen oder anderen Tag nicht zum Üben kommst, ist das in Ordnung. Wenn du bisher intensiv genug geübt hast, wirst du bald erleben, wie du dich innerhalb weniger Minuten in einen starken, überzeugenden, selbstbewussten Zustand bringen kannst, der mit jeder weiteren Wiederholung noch kraftvoller werden wird.

Neue Sätze beginnen übrigens frühestens dann als Glaubenssätze zu wirken, sobald du sie so verinnerlicht hast, dass du sie auf Abruf auch mitten in der Nacht wiedergeben kannst, ohne groß überlegen zu müssen.

Sätze, die du sofort wieder vergisst, sind noch nicht auf der Stufe von Glaubenssätzen angelangt. Sätze, die du mindestens mehrere Wochen lang intensiv trainiert hast und die du anschließend nach mehreren Wochen ohne erneutes Üben immer noch wie aus der Pistole geschossen abrufen kannst, darfst du getrost vergessen. Sie sind mittlerweile in deinem Langzeitgedächtnis und auf der Stufe von Glaubenssätzen angekommen. Dein Unterbewusstsein wird diese neue „Schallplatte" nun allmählich „weiter nach hinten" stellen, nämlich zu deinen anderen hoch wirkungsvollen Glaubenssätzen. Ab sofort beginnt der oben dargestellte „Autopilot" **für** dich zu arbeiten. Das ist doch eine sehr beruhigende, vielversprechende Vorstellung, nicht wahr?

Die Sätze, die du nach wenigen Wiederholungen bereits aus dem Gedächtnis heraus dauerhaft wiederholen kannst, sind der Beweis dafür, dass es dort **keine** entgegengesetzten Glaubenssätze gab. Die Sätze, die du auch nach längerer Zeit der Wiederholung noch nicht gut erinnern kannst, zeigen dir an, dass es hier noch weiterer intensiver Wiederholungen bedarf, sodass noch vorhandene entgegengerichtete Glaubenssätze sich ein für alle Mal verabschieden dürfen.

Trainiere also vor allem die Sätze, die sich dir anfangs nicht so gut einprägen, gemäß dem erweiterten Motto: Steter Tropfen höhlt den Stein und jede Wiederholung festigt deinen neuen Glaubenssatz.

Befreie und stärke dein Selbstbewusstsein

In dem Maß, wie deine Selbstwahrnehmung für noch vorhandene negative Glaubenssätze deiner Person wächst, wird vermutlich auch deine Motivation wachsen, dir bewusst werdende negative Glaubenssätze auch gleich verabschieden zu wollen. Damit bist du auf dem Kompetenzlevel angekommen, auf dem du mit vorgegebenen Rezitationen keine maximale Wirkung mehr erzielen kannst. Es ist nun für dich an der Zeit, maximal konzentriert und damit ganz besonders wirkungsvoll zu zielen. Erlaube dir fortan, selbst **maßgeschneiderte** Rezitationen zu entwickeln, um sie entsprechend deiner zuvor gemachten Rezitationserfahrungen zu verinnerlichen. Beginne jetzt also damit, dich im verbalen, rundherum von dir gestalteten Selbstcoaching zu üben.

Hierzu gilt es jeweils, folgende Vorarbeit zu leisten. Frage dich selbst: „Fehlt mir für das weitere Wachstum meines Selbstbewusstseins ein positiver Glaubenssatz oder gilt es, einen negativen Glaubenssatz zu verabschieden?"

Es kann nützlich für dich sein, die Antworten zu notieren und ein paar Tage auf dich wirken zu lassen. Wenn du **auch gefühlsmäßig** sicher bist, was zu tun ist, dann kreiere in Abhängigkeit von deiner gefühlten Antwort entweder einen fehlenden positiven Glaubenssatz oder eben einen positiven Glaubenssatz mit dem Ziel, einen noch vorhandenen und dir im Weg stehenden negativen Glaubenssatz aufzulösen. Beachte hierzu das gleich folgende Kapitel zur Entwicklung positiver Glaubenssätze.

Als Erfahrungswert gilt, dass auf einen fehlenden Glaubenssatz größenordnungsmäßig zehn störende, negative Glaubenssätze kommen. Gehe also bevorzugt davon aus, dass mögliche Wachstumsgrenzen mit hoher Wahrscheinlichkeit durch „Gitterstäbe in deinem Gehirn" verursacht werden, und begib dich auf die Suche nach den entsprechenden limitierenden Glaubenssätzen.

So entwickelst du positive Glaubenssätze, die wirken

Damit positive Glaubenssätze auch wirklich eine positive Wirkung haben können, sollten sie durch und durch positiv formuliert werden. Folgendes **Negativ-Beispiel** soll dir das prinzipiell veranschaulichen: Denke jetzt bitte **NICHT** an einen rosaroten, pfeifenden, radelnden Elefanten!

Woran hast du gerade gedacht? Genau, an einen rosaroten, pfeifenden, radelnden Elefanten. Damit unser Gehirn eine **NICHT**-Aussage verstehen kann, muss es sich zuvor ein Bild davon machen, und damit hat man **genau das Bild** im Gehirn, welches man eben gerade **NICHT** haben möchte. **Negationen** und damit Wörter wie nicht, nie, niemals, unter keinen Umständen, nie wieder und so weiter sind also zu **vermeiden**.

Frage: Angenommen, ein Raucher möchte mit dem Rauchen aufhören. Wie könnte ein hierzu passender positiver Glaubenssatz gestaltet sein?

Erfahrungsgemäß lauten die typischen ersten Antworten ungefähr so: „Ich werde nicht mehr rauchen" oder: „Von Woche zu Woche rauche ich eine Zigarette weniger". Nun, welcher Formulierungsfehler wurde begangen? In beiden Sätzen steckt sozusagen der rosarote Elefant drin, das Rauchen. Im ersten Satz ist zusätzlich auch noch eine Negation enthalten. Beide Beispiele sind somit nicht wirklich gut geeignet im Sinne von positiven Glaubenssätzen. Wie aber könnten denn nun mögliche und wirklich positive Glaubenssätze lauten?

Hierzu ist es sinnvoll, deine eigenen **Werte** zu kennen. Je besser deine neuen, positiven Glaubenssätze zu deinen eigenen **höchsten** Werten passen, desto höher ist deine automatisch hiervon ausgehende Motivation. Wie du deine persönlichen (Lebens-) Werte herausfiltern kannst, steht in meiner Publikation „Selbstbewusstsein stärken, aber wie?" sehr detailliert beschrieben.

Angenommen, einer der höchsten Werte unseres fiktiven Rauchers lautet „Frei über meine eigene Zeit verfügen können", und angenommen, dieser Raucher rauchte bisher vor allem in seinen Arbeitspausen, dann könnte ein neuer, positiver Glaubenssatz, der mit dem Rauchen Schluss machen kann, lauten: „Auch in meinen Arbeitspausen erlaube ich mir, vollkommen frei über meine Zeit zu verfügen".

Du fragst dich, was dieser Satz mit dem Rauchen bzw. mit dem Nichtrauchen zu tun hat? Ganz einfach: Oberflächlich betrachtet gar nichts, in der Tiefe betrachtet jedoch sehr viel. Das hat damit zu tun, dass jeder Mensch die Tendenz hat, seine **persönliche Integrität** mit all seiner Kraft wahren zu wollen. In manchen Traditionen kann das sogar so weit gehen, dass es als ehrenhaft gilt, im Falle eines „Gesichtsverlustes" Suizid zu begehen.

Um dir den Aspekt der persönlichen Integrität mitsamt der darin enthaltenen potenziellen „Veränderungswucht" plastischer zu veranschaulichen, möchte ich dir ein Beispiel aus meiner Coachingpraxis schildern. Meine Klientin war eine junge Fitnesstrainerin, die mit dem Rauchen aufhören wollte. Ich arbeitete mir ihr ihre höchsten Werte heraus. Es zeigte sich, dass ihr allerhöchster Wert tatsächlich der Wert **Fitness** war. In diesem Moment zog sie gerade, wir saßen übrigens draußen bei herrlichem Sonnenschein, genüsslich an ihrer Zigarette. Ich schaute sie sehr eindringlich an und fragte sie: „Und wie passt dein Rauchen zu deinem höchsten Wert Fitness?" Bildlich gesprochen verschluckte sie sich fast an ihrer Zigarette, fing an zu husten, dachte kurz nach, machte diese Zigarette aus und **das war es**. Sie zündete sich **keine** weitere Zigarette mehr an.

Jetzt wirst du dich womöglich absolut berechtigt fragen, inwieweit mein Satz „Und wie passt dein Rauchen zu deinem höchsten Wert Fitness?" rein positiv formuliert war. Und du hast Recht, er war es nämlich nicht. Diesen Satz hatte ich aber auch nicht als neuen Glaubenssatz angeboten, sondern um gewissermaßen **zwei Werte** in dieser Frau kurzzuschließen: ihren Wert des Rauchens mit ihrem höchsten Wert der Fitness. Die Wirkung gleicht manchmal der eines elektrischen Kurzschlus-

ses: Es knallt, haut einige Sicherungen durch, und danach ist manches
anders.

Bei einem Kurzschluss zweier Werte wird typischerweise der niedri-
gere Wert zugunsten des höheren Wertes von der Psyche fallengelas-
sen. Wer diese Dynamik kennt, kann mit einem „Kanonenschlag" negative Glaubenssätze kollabieren lassen, also auflösen.

So, zurück dazu, wie du positive Glaubenssätze besonders wirkungsvoll so formulieren kannst, dass du damit Negativ-Glaubenssätze ent-
machtest. Die **Regel** lautet also: Der neue Positiv-Glaubenssatz sollte
mit einem deutlich höheren Wert verbunden sein als jenem Wert, mit
dem der alte Glaubenssatz verknüpft war. Mit ein paar weiteren Beispielen zu unserem Raucher möchte ich deiner Kreativität einen weiteren Schubs geben.

Angenommen, unser Raucher hätte als höchsten Wert „Gesundheit".
Dann könnte sein maßgeschneiderter Positiv-Glaubenssatz zum Beispiel
lauten: „In meinen Arbeitspausen sorge ich dafür, dass ich meine Lun-
gen durch einige tiefe Atemzüge gut belüfte, um so meine Gesundheit
zu stabilisieren".

Das Kriterium der reinen Positiv-Formulierung wäre hier erfüllt. Besonders **wirkungsvolle Glaubenssätze** sollten jedoch tendenziell auch
kurz sein. Derselbe Satz auf der nächsten Optimierungsstufe könnte
somit lauten: „In meinen Arbeitspausen atme ich ganz bewusst gesunde
Luft ein". Oder, noch kürzer: „Ich atme gesunde Luft".

Damit wir uns nicht missverstehen: Meine Aussage lautet nicht, dass
der Raucher aus unserem Beispiel damit garantiert zum Nichtraucher
wird. Hierzu würde unter anderem gehören, dass er das wirklich wollen
müsste und noch einiges mehr. Mit den angeführten Beispielen möchte
ich dir keine Komplett-Ausbildung zum Coach liefern, sondern lediglich
das **Prinzip der Entwicklung** wirkungsvoller positiver Glaubenssätze, die
negative Glaubenssätze auflösen können, darstellen.

Ein weiteres Beispiel: Angenommen unser Raucher wäre begeisterter Marathonläufer, sein **höchster Wert** wäre „Der Beste sein" und sein nächstes Wettkampfziel wäre, beim New-York-Marathon möglichst weit vorne mit dabei zu sein. Dann könnte sein positiver Glaubenssatz lauten: „Mit jedem gesunden Atemzug überhole ich meine Mitläufer beim Marathon" oder „Mit jedem gesunden Atemzug bin ich schneller im Ziel". So, jetzt dürften sowohl dein Verstand als auch deine Kreativität recht klare Kriterien dafür haben, wie du für dich besonders wirkungsvolle Positiv-Glaubenssätze entwickeln kannst.

Noch ein Beispiel aus meinem Leben: Als 17-jähriger lief ich den Münchner Stadtmarathon mit. Hierzu entwickelte ich den zielführenden Glaubenssatz: „Jeder Schritt bringt mich näher", wobei mit „näher" natürlich das Ziel gemeint war. Diesen Satz wiederholte ich im Takt meiner Schritte. Das hörte sich in meinem Inneren dann ungefähr so an: „Jeder Schritt bringt mich näher. Jeder Schritt bringt mich näher. Jeder Schritt bringt mich näher". Natürlich musst du dir hierzu noch den „Sound" meiner Schritte als „Hintergrundmusik" vorstellen sowie meinen rhythmischen Atem plus das gesamte Bewegungsgefühl in meinem Körper etc..

Als es dann darauf ankam, nämlich ab ungefähr dem Streckenkilometer 33, hatte ich mir diese Sätze mittlerweile mehrere tausend Mal intensiv einverleibt. Das Resultat war, dass ich sogar **unter** der Zeit blieb, die ich mir optimistischerweise vorgenommen hatte. Welchen Satz nutze ich wohl heute noch, wenn es beim Joggen mal **mehr** zur Sache geht? Ganz genau, natürlich den von damals, der auf meiner inneren Festplatte tief eingebrannt und in meinem ganzen Körper zutiefst verankert ist.

Zu guter Letzt möchte ich noch auf die weit verbreitete und meines Erachtens naive und vielleicht auch gefährliche Empfehlung eingehen, man möge sich einfach das beabsichtigte Gegenteil der momentanen Realität einprägen. Gängig ist beispielsweise die Empfehlung an Übergewichtige, sie mögen sich suggerieren, dass sie schlank seien, indem sie sich entsprechend sagen: „Ich bin schlank!" Würde dieser Satz sofort greifen, hätte dieser Mensch nun ein ganz anderes Problem, nämlich das einer ausgewachsenen Wahrnehmungsstörung.

Anführen könnte ich hier, dass es ja hinlänglich bekannt ist, dass manche Magersüchtige fatalerweise selbst dann noch üppige Fettpolster an sich wahrzunehmen glauben, wenn sie nur noch aus Haut und Knochen bestehen, und sich so ein Alibi fürs weitere Abmagern verschaffen. Diese Andeutung ist jedoch nur als eine Art Seitenhieb an die „Fraktion der ‚Gegenteil-Suggestions-Befürworter'" zu verstehen – ich möchte damit in keinster Weise das Krankheitsbild der Magersucht verächtlich machen.

Unser Unterbewusstsein, das auch für die zuverlässige Umsetzung von Glaubenssätzen zuständig ist, der Discjockey unseres inneren Schallplattenarchivs sozusagen, hat die Tendenz, alles bildlich zu nehmen, gleichzeitig verkennt es aber auch die Wirklichkeit (normalerweise) nicht. Wenn unser Übergewichtiger aus dem Beispiel sein Unterbewusstsein damit bombardiert, er wäre schlank, was soll dann das Unterbewusstsein damit anfangen? Was genau dabei herauskommt, kann vermutlich niemand mit Gewissheit sagen, wahrscheinlich wird es jedoch irgendeine Mischbotschaft sein, die eher für Verwirrung denn für Klarheit und wohl kaum für die ersehnte Figur sorgen dürfte.

Gute, also wirkungsvolle Glaubenssätze können meiner Beobachtung und Erfahrung nach immer nur solche sein, die eng an die eigene Wertehierarchie und Persönlichkeitsstruktur angelehnt sind, die den angedachten Veränderungsprozess (bild-)sprachlich angemessen darstellen und die vor allem ein positives, möglichst dauerhaft realisierbares Zielbild beinhalten. Ein **NICHT dauerhaft realisierbares Zielbild** wäre beispielsweise „Woche für Woche werde ich ein Kilogramm schlanker", denn konsequent verwirklicht würde das bedeuten „... bis ich verhungert bin".

Ein tatsächlich dauerhaft realisierbarer Glaubenssatz mit einem positiven Zielbild könnte lauten: „Mit jedem Tag darf sich mein Körper in seiner Geschwindigkeit meinem ganz persönlichen Wohlfühlgewicht annähern". Dieser Satz wird vor allem dann greifen, wenn dieser Mensch als einen seiner höchsten Werte den Wert „Sich wohlfühlen" hat.

So, alles klar? Dann viel Spaß bei der Befreiung und kontinuierlichen Stärkung deines Selbstbewusstseins und deiner persönlichen Ausstrahlung.

Kriterien für erfolgreiche Glaubenssatzarbeit

Folgende Kriterien und Indizien zeigen dir an, dass du die neuen Glaubenssätze schon gut und vor allem wirkungsvoll verinnerlicht hast:

- Du kannst dich bereits gut an die neuen Sätze erinnern, auch
  wenn du sie seit Wochen oder Monaten nicht mehr bewusst
  wiederholt hast.

- Dein Verhalten bzw. deine Gefühle haben sich bereits deutlich
  im Sinne deiner neuen Glaubenssätze verändert.

- Die alten Glaubenssätze kannst du nur noch schwach erinnern
  bzw. du erlebst sie nur noch als wenig energetisierend oder gar
  als seltsam, fremd oder unglaubwürdig.

- Vielleicht findest du deine ehemaligen Glaubenssätze inzwischen sogar komisch oder kannst darüber lachen.

- Wenn jemand versucht, dir einen alten Glaubenssatz an den
  Kopf zu werfen, hörst du zwar die Worte, reagierst aber psychisch kaum noch darauf, zumindest nicht mehr vollautomatisch – du kannst deine Reaktionen jetzt beeinflussen.

- Deine alten, negativen Glaubenssätze lassen dich nun eher
  gleichgültig oder kalt. (Hierin steckt übrigens mindestens teilweise die Antwort auf die Frage, wie du dich zukünftig immer
  besser vor verbalen Verletzungen schützen kannst.)

- Ganz am Ziel angekommen mit der Entmachtung einschränken-
  der Glaubenssätze bist du, wenn du diese durchgängig in einem
  Gefühl von Gleichgültigkeit bzw. Unglaubwürdigkeit erlebst. Du
  spürst nun also, dass sie dich nicht mehr betreffen, sie sind zu
  wirkungslosen Erinnerungsfragmenten geworden. Wenn du
  magst, kannst du ihnen einen angemessenen Platz im inneren
  Museum deiner ehemaligen Glaubenssätze einräumen.

Rückenwind oder gefährliche Stromschnellen?

Streng genommen hat **jedes einzelne Wort**, das du hörst, die Tendenz, eine dem Wortsinn nach spezifische Wirkung zu entfalten. Das gilt im übertragenen Sinn auch für alle Gefühle, die dir begegnen und denen du ausgesetzt bist. Hierzu möchte ich etwas weiter ausholen, denn ich bin mir ziemlich sicher, dass das Folgende dir **wichtige** Zusammenhänge klar vor Augen führen wird.

In der Psychologie gibt es den Begriff bzw. den Wirkungskomplex des **Priming**, zu Deutsch auch als *Bahnung* bzw. *Bahnen* bezeichnet. Darunter versteht man die „**BEEINFLUSSUNG der Verarbeitung eines Reizes** dadurch, dass ein vorangegangener Reiz bestimmte Gedächtnisinhalte aktiviert hat". Wenn du nicht gerade Psychologe bist, wirst du jetzt vermutlich erst mal nur Bahnhof verstehen. Keine Sorge, es wird gleich verständlicher werden.

Beispiel: Was bedeutet es für dich, wenn du Schritte hörst? Die Antwort lautet: Das hängt ganz vom Zusammenhang bzw. vom Priming ab. Bist du in einer belebten Fußgängerzone unterwegs und damit auf Schritte geprimt, wertest du diese Wahrnehmung als ganz normal und wirst nicht besonders darauf reagieren. Ganz anders verhält es sich jedoch, wenn du nachts alleine in einem großen Haus bist und plötzlich Schritte im Haus hörst, obwohl du abgeschlossen hast und niemanden erwartest, der einen Schlüssel hat.

Priming bzw. Bahnung bedeutet also so etwas wie: Das, was zuerst da war, beeinflusst das, was dann kommt. Eine bestimmte „Bahn" wird zuvor geebnet, die das Nachfolgende dann massiv beeinflussen kann.

Ein weiteres Beispiel: Stell dir vor, du beobachtest Menschen, die gerade aus zwei unterschiedlichen Kinosälen kommen, und die nun bunt gemischt durch denselben Korridor schlendern. In einem Kinosaal lief gerade ein Western, im anderen ein herzzerreißender Liebesfilm. Wirst du mit einiger Treffsicherheit sagen können, in welchem Kinosaal gerade welcher Film lief? Vermutlich ja.

Die einen Kinogänger wurden durch einen Western geprimt und laufen womöglich eher breitbeinig wie nach einem langen Ritt oder haben die Tendenz, den Colt zu ziehen. Bei Kindern kann man das noch sehr viel genauer beobachten. Erwachsene sind äußerlich zwar etwas zurückhaltender, aber innerlich hat das Vorangehende eine ganz ähnliche Wirkung.

Die anderen Kinogänger, die durch den Liebesfilm geprimt wurden, haben eher noch die Taschentücher in der Hand und intensive Gefühlserlebnisse ins Gesicht geschrieben.

Oberflächlich betrachtet sind diese Unterschiede doch eigenartig, denn beide Parteien schlendern zeitgleich denselben Weg entlang und dürften sich von daher eigentlich ähnlich fühlen und sich ähnlich verhalten. Die unmittelbar vorhergehenden Erlebnisse jedoch, das Priming also, beeinflussen die Gefühle dieser Menschen immer noch und werden auch noch eine Weile anhalten. Und nicht nur das, die Wirkungen gehen noch deutlich darüber hinaus.

Noch ein (zugegeben an den Haaren herbeigezogenes) Beispiel, das dir die Wirkung des Primings vielleicht noch plastischer veranschaulichen kann: Stell dir vor, du wirst Augenzeuge, wie auf der gegenüberliegenden Straßenseite ein Mensch von einem brutal aussehenden Mann zusammengeschlagen wird. Dieser Schläger kommt nun mit einem Lächeln im Gesicht über die Straße gerannt und direkt auf dich zu. Wie wirst du dich fühlen? Vermutlich wirst du nicht freundlich und gelassen sein Lächeln erwidern wollen/können, oder? Angesichts des unmittelbar zuvor intensiv Erlebten bist du entsprechend geprimt.

Um noch eins draufzusetzen: Stell dir vor, kurze Zeit später erfährst du, dass das Ganze Teil eines versteckt durchgeführten Videodrehs war, wie wirkt das Erlebte nun in dir?

Priming findet sich auch in manchen Alltagsweisheiten wieder: „Wer einmal lügt, dem glaubt man nicht, und wenn er auch die Wahrheit spricht". Oder?

Hier noch ein paar Beispiele zur Wirkung von Priming, die an wissenschaftliche Studien angelehnt sind:

- Ließ man Versuchspersonen Texte lesen, in denen es ums Altern ging, bewegten sie sich danach signifikant langsamer als andere Versuchspersonen, die zuvor Texte über Sport und Fitness gelesen hatten. Beide Gruppen wussten nicht, dass sie danach beobachtet werden.

- Wer sich an ein beschämendes Erlebnis erinnert, empfindet das Bedürfnis, sich zu waschen.

- Wenn du dir die Frage stellst, ob du Kopfläuse haben könntest, kann es sein, dass das Bedürfnis entsteht, dich zu kratzen.

- Alleine die veränderte Reihenfolge zweier Fragen in einem Fragebogen kann einen erheblichen Einfluss auf die Antworten haben, obwohl die Fragen selbst unverändert geblieben sind.

„So, und worauf soll das nun hinauslaufen?", wirst du dich vermutlich gerade fragen. Ganz einfach. Ich möchte dir die möglicherwiese unbequeme Frage anbieten, worauf dich dein Umfeld gerade primt, und auch, wie du dich selbst primst.

Oder etwas spezifischer: Welche Menschen, mit denen du intensiveren Kontakt hast, primen dich eher inspirierend, welche eher deprimierend? Welche primen dich deinem vollen Selbstbewusstsein entgegen, welche eher davon weg? In welche Richtungen bahnen dich die von dir hauptsächlich konsumierten Medien? Wie bahnen dich deine Bücher, die von dir bevorzugten Filme oder Fernsehsendungen? Wie bahnt dich dein Internetkonsum? Wie lässt du dich in deiner Freizeit primen? Wie primen dich deine Wohnung, dein Einkommen, dein Outfit? Wie primt dich deine Arbeit? Wie primt dich dein Körper, wie deine körperliche Fitness? Wie **möchtest** du prinzipiell geprimt werden und was gibt es auf dem Weg dahin alles zu tun?

Natürlich spielen insbesondere auch die jeweils damit einhergehenden Glaubenssätze eine mächtige Rolle, wobei dir diese Wirktatsache mittlerweile ja sowieso klar ist. Beachte: Nicht alles, was dich positiv primt, ist im Kern auch positiv für dich, und umgekehrt.

Priming und Selbstbewusstsein

JEDES Priming wirkt sich auf die Großwetterlage deines Selbstbewusstseins aus. Solltest du ständig negatives Priming erleben, wirst du dich hinsichtlich deiner Glaubenssätze viel mehr ins Zeug legen müssen als jemand, der tendenziell positiv geprimt wird. All das, was dich beeinflusst bzw. wodurch du dich beeinflussen lässt, hat somit eine messbare und nachhaltige Wirkung auf dein Selbstbewusstsein.

In einem erweiterten Sinn gilt es also nicht nur, unter den eigenen Glaubenssätzen aufzuräumen, sondern durch ein entsprechendes Priming auch für die passende Großwetterlage zu sorgen. Jeder gute Gärtner weiß, dass Blumen besser blühen und Pflanzen besser wachsen, wenn das Wetter und der Boden stimmen. Im Winter bei tiefem Frost auszusäen, macht im Regelfall genauso wenig Sinn, wie im Sommer bei lang andauernder, extremer Trockenheit auf eine satte Ernte zu setzen.

Solltest du bereit sein für eventuell sehr schmerzhafte, in jedem Fall jedoch extreme Klarheit und damit für potenziell in deinem Sinn veränderungswirksame Wahrnehmungen, führe eine Weile möglichst konsequent ein „Priming-Tagebuch". Das geht so: Sobald du feststellst, dass sich gerade eine massive Veränderung in deiner Gefühlswelt ergeben hat, gehst du kurz nach innen und nach außen, um mögliche „Priming-Quellen" zu identifizieren und festzuhalten.

Einen Schritt weitergedacht, kannst du gleich zwei Rubriken anlegen: „Primt mich in meinem Sinn" sowie „Primt mich nicht in meinem Sinn". „Scanne" mit deinem neuen „Priming-Detektor" unter anderem die Menschen in deinem Umfeld, die Orte, Situationen etc., die dein Leben maßgeblich ausmachen bzw. maßgeblich beeinflussen. Aber Achtung: Nicht alles, was z. B. weh tut, gehört in die Negativ-Rubrik, und nicht alles, was dir gut tut, in die positive.

Ausblicke

Wie du vielleicht gespürt hast, schreibe ich nicht rein aus der Theorie heraus, sondern vor allem aus der Praxis. Theorie war und ist mir wichtig. Letzten Endes, so sehe ich das, kommt es jedoch auf die Praxis, genauer gesagt **auf die Wirkung** an.

Die Techniken und Vorgehensweisen, die du in dieser Publikation kennengelernt hast, haben das Leben von so manchem Menschen stark verändert, meines eingeschlossen. Präziser formuliert müsste ich eigentlich sagen: So mancher Mensch hat **sein Leben stark verändert** durch die **Anwendung und Umsetzung** der in dieser Publikation angebotenen Techniken und Vorgehensweisen. Es liegt nun an **dir**, was du daraus machst, an **dir ganz allein**. Die Techniken alleine können gar nichts bewirken – wenn du sie jedoch **entschlossen** anwendest, können sie wahre Wunder ermöglichen. DU kannst wahre Wunder bewirken.

Vielleicht brennst du nun und freust dich schon darauf, dass du jetzt bald mit dem Üben und Trainieren beginnen kannst. Vielleicht bist du auch schon seit einer ganzen Weile voll dabei und hast dir bereits einen Sack voller Erfolge beschert.

Mit einer letzten Übung möchte ich mich in dieser Publikation von dir verabschieden, und zwar mit einigen zielorientierten Fragen. Deine Antworten auf die folgenden Fragen können deine Anfangs- und auch deine Durchhaltemotivation stärken. Je klarer deine Ziele sind, desto klarer wirst du auch deine Erfolge daran messen können. Damit deine Ziele möglichst klar sind und nicht in Vergessenheit geraten können, möchte ich dir ans Herz legen, deine Antworten in jedem Fall schriftlich festzuhalten. Vielleicht klebst du sie sogar in Auszügen neben deinen Spiegel?

Hier also deine Fragen:

- Wer wirst du sein, wenn du dich und deine Sprache rundherum als selbstbewusst und vielleicht sogar als mitreißend erlebst?

- Wie wird dein Umfeld dich mit deinem gestärkten Selbstbewusstsein erleben?

- Um wie viel leichter wird es dir in Zukunft fallen, dich abzugrenzen, Nein zu sagen sowie angemessene Forderungen zu stellen?

- Wie darf sich das auf dein Einkommen auswirken?

- Wie wirst du dich fühlen, wenn du dich aufgrund deines bald gestärkten Durchsetzungsvermögens in einigen für dich sehr wichtigen Angelegenheiten durchgesetzt hast?

- Was werden voraussichtlich deine größten Erfolge in naher Zukunft sein?

- Wie werden sich deine neuen Kompetenzen, dein überzeugendes Auftreten und deine gewinnende, mitreißende Kommunikation auf deinen (neuen) Freundeskreis, wie auf deine Liebesbeziehung, Familie sowie alle anderen sozialen Kontakte auswirken?

- Wie wirst du diese Erfolge und Fortschritte feiern?

Ich wünsche dir alles Gute bei der Stärkung deines Selbstbewusstseins.

Dein

Matthias Schwehm

Wie hat dir diese Publikation gefallen?

Ich freue mich über deine Meinung und über eventuelle Anregungen!
Schreibe mir an info2014@intsel.de mit dem Betreff: „Selbstbewusstsein trainieren und die Macht der Sprache entfesseln".

Falls du weitere Fragen hast, etwas unklar geblieben sein sollte oder
du mir von deinen eigenen Erfahrungen berichten möchtest freue ich
mich ebenfalls über deine E-Mail an info2014@intsel.de mit dem Betreff: „Selbstbewusstsein trainieren und die Macht der Sprache entfesseln".

Insbesondere würde ich mich über eine Rezension freuen bei dem
Portal, über das du diese Publikation erworben hast. So gibst du auch
anderen Kaufinteressenten eine wichtige Orientierungshilfe, und zwar
aus erster Hand. Vielleicht hast du dich selbst schon an den Rezensionen
anderer Leser orientiert und kennst von daher diesen Wert aus eigenem
Erleben?

Impressum

Selbstbewusstsein trainieren und die Macht der Sprache entfesseln

Copyright © 2014 Matthias Schwehm

Copyright © Coverfoto alphaspirit - Fotolia.com

Alle Rechte vorbehalten.

Autor: Matthias Schwehm

Retzendorf 5

D-91575 Windsbach

info2014@intsel.de

www.intsel.de

Hat dir diese Publikation gefallen, so empfehle sie bitte deinen Freunden weiter. Ein großes Dankeschön, dass du die Arbeit des Autors respektierst!

Über den Autor

Matthias Schwehm, geboren 1968 in Deutschland, studierte Informatik und Psychologie, arbeitete fünf Jahre lang selbstständig und konzernungebunden im Verkaufsaußendienst als Finanzdienstleister und gründete ein Fuhr- und Abbruchunternehmen, bevor er sich schließlich im Januar 1997 als Persönlichkeitstrainer mit der Spezialisierung "**Selbstbewusstseinstraining**" und "**Selbstverwirklichungstraining**" dauerhaft festlegte.

Nebenberuflich war er über zehn Jahre als Rettungssanitäter im Rettungsdienst tätig, leitete Erste-Hilfe-Kurse und eine Jugendgruppe und bildete auf Bundesebene Jugendleiter aus.

Durch den kontinuierlichen Ausbau seiner Internetpräsenzen z. B. unter **www.intsel.de** und durch die Entwicklung vieler unterschiedlicher Teilnehmerunterlagen für die von ihm angebotenen Trainings, Ausbildungen und Seminare entdeckte er seine Leidenschaft fürs Schreiben.

Persönliches

Bereits mit **15 Jahren** begann Matthias Schwehm sich auf die Suche nach wirkungsvollen, das Selbstbewusstsein stärkende Techniken und Methoden zu machen, denn er erlebte sich selbst als **unsicher und extrem gebremst**. Zunächst griff er hierzu primär auf Bücher zurück, später auf Hörbücher und Persönlichkeitstrainings.

Mit **18 Jahren** begann ihn die Idee zu faszinieren, durch das Verkaufen im Außendienst und den damit verbundenen "Zwang", immer wieder mit fremden Menschen in Kontakt zu kommen, quasi garantiert selbstbewusster zu werden. Sein großes Ziel war dabei, selbstbewusst genug zu werden, um von der persönlichen Kaltakquise an der Haustür ("Klinkenputzen") leben zu können. Hierzu belegte er viele Verkaufs- und Motivationstrainings und nahm bei einigen Stars der Kaltakquise Maß.

Nachdem er auch dieses Ziel erreicht hatte, beschloss er, nie wieder aktiv verkaufen zu wollen. Er spürte, dass ihn der Außendienst-Verkauf zu viel Energie kostete und nicht mehr seiner Berufung entsprach. Seither gibt er wesentliche Teile seiner Erfahrungen in Form von Selbstbewusstseinstrainings in Kleingruppen, Selbstbewusstseinscoachings für Einzelpersonen sowie in Hörbüchern, E-Books und Print-Books an diesbezüglich interessierte und motivierte Menschen weiter. Inzwischen sind auch **Videos** von ihm zum Thema **Selbstbewusstsein-Stärken** auf YouTube zu sehen.

Weitere Veröffentlichungen von Matthias Schwehm

Online-Training: In 17 Wochen zum Selbstbewusstsein deines Lebens: Selbstbewusstseinstraining Online-Kurs (Matthias Schwehm Persönlichkeitstraining; Auflage: 1.1, 28. September 2014). http://www.intsel.de/Selbstbewusstseinstraining-Online-Kurs-Seminar-Workshop.php

Taschenbuch: Selbstbewusstseinstraining Powerpaket 2in1 plus Online-Audio-Selbsthypnose (CreateSpace Independent Publishing Platform; Auflage: 1.0, 07. Juli 2014). ISBN-13: 978-1500427245

Taschenbuch: Motivationstraining mit Abenteuerläufer Michael Snehotta: Pushe deine Motivation! Hier erfährst du, wie. (CreateSpace Independent Publishing Platform; Auflage: 1.0, 20. Mai 2014). ISBN-13: 978-1499610048

Taschenbuch: Gutes Geld verdienen mit deiner Internet-Goldmine: Reales Beispiel zeigt, wie Durchstarten ohne Vorwissen geht (CreateSpace Independent Publishing Platform; Auflage: 1.0, 26. März 2014). ISBN-13: 978-1497450400

Taschenbuch: Selbstbewusstsein stärken für Jugendliche: Wie du als Jugendlicher in 7 Schritten dein Selbstbewusstsein wirksam ausbauen kannst (CreateSpace Independent Publishing Platform; Auflage: 1.0, 08.März 2014). ISBN-13: 978-1496085610

Taschenbuch: Beflügle dein Selbstbewusstsein, Selbstwertgefühl und dein Selbstvertrauen: mit der Adler-Strategie (CreateSpace Independent Publishing Platform; Auflage: 1.0, 17. Januar 2014). ISBN-13: 978-1495231001

Taschenbuch [Englisch]: Your story about the eagle who thought he was a chicken (CreateSpace Independent Publishing Platform; Auflage: 1.0, 11. Januar 2014). ISBN-13: 978-1494873585

Taschenbuch: Deine Geschichte vom Adler, der glaubte, er sei ein Huhn (CreateSpace Independent Publishing Platform; Auflage: 1.0, 02. Januar 2014). ISBN-13: 978-1494774615

Taschenbuch: Selbstbewusstsein stärken, aber wie?: Verstehen, ausbauen, stärken mit Tipps aus der Praxis (CreateSpace Independent Publishing Platform; Auflage: 1.0, 11. Dezember 2013). ISBN-13: 978-1494377588

e-Book: So programmierst du dich auf Selbstbewusstsein: Und entwickelst eine mitreißende überzeugende Sprechweise (Erhältlich auf vielen gängigen e-Book-Verkaufsportalen, 27.09.2014).

e-Book: Selbstbewusstsein Crashkurs: ... und das Leben macht endlich Spaß! (Erhältlich auf vielen gängigen e-Book-Verkaufsportalen, 19.09.2014).

e-Book: Pimp my Selbstbewusstsein! (Erhältlich auf vielen gängigen e-Book-Verkaufsportalen, 18.09.2014).

e-Book: Ich bin dann mal selbstbewusst! (Erhältlich auf vielen gängigen e-Book-Verkaufsportalen, 16.09.2014).

e-Book: Selbstbewusstsein trainieren und die Macht der Sprache entfesseln. (Erhältlich auf vielen gängigen e-Book-Verkaufsportalen, 15.09.2014).

e-Book: Mit NEIN beginnt dein Selbstbewusstsein: NEIN sagen und dich wirkungsvoll abgrenzen mit der N-EIN-fach-Technik. (Erhältlich auf vielen gängigen e-Book-Verkaufsportalen, 15.09.2014).

e-Book: Selbstbewusstseinstraining Powerpaket 2in1 plus Online-Audio-Selbsthypnose (Erhältlich auf vielen gängigen e-Book-Verkaufsportalen, 07. Juli 2014).

e-Book: Motivationstraining mit dem Abenteuerläufer Michael Snehotta: Pushe deine Motivation! Hier erfährst du, wie. (Erhältlich auf vielen gängigen e-Book-Verkaufsportalen, 04.07.2014).

e-Book: Gutes Geld verdienen mit deiner Internet-Goldmine: Reales Beispiel zeigt, wie Durchstarten ohne Vorwissen geht (Erhältlich auf vielen gängigen e-Book-Verkaufsportalen, 24.04.2014).

e-Book: Selbstbewusstsein stärken f. Jugendliche inkl. Selbsthypnose: Als Jugendlicher in 7 Schritten Selbstbewusstsein ausbauen (Erhältlich auf vielen gängigen e-Book-Verkaufsportalen, 05.03.2014).

e-Book: Your story about the eagle who thought he was a chicken (Erhältlich auf vielen gängigen e-Book-Verkaufsportalen, 15.01.2014).

e-Book: Beflügle dein Selbstbewusstsein, Selbstwertgefühl: und dein Selbstvertrauen: mit der Adler-Strategie (Erhältlich auf vielen gängigen e-Book-Verkaufsportalen, 16.01.2014).

e-Book: Selbstbewusstsein stärken, aber wie?: Verstehen, ausbauen, stärken mit Tipps aus der Praxis (Erhältlich auf vielen gängigen e-Book-Verkaufsportalen, 04.11.2013).

e-Book: Insolvenz, Gerichtsvollzieher, Zwangsvollstreckung - Bericht (Erhältlich auf vielen gängigen e-Book-Verkaufsportalen, 08.10.2013).

e-Book: Deine Geschichte vom Adler, der glaubte, er sei ein Huhn (Erhältlich auf vielen gängigen e-Book-Verkaufsportalen, 21.12.2013).

Hörbuch: JETZT FETT abnehmen, psychisches Gewicht reduzieren, schlank werden und mit neuem Selbstbewusstsein erblühen: Unverschämt. Garantiert. Ungeheuerlich. Nichts für leichte Gemüter. Erleichternd. Endlich. (abod-Verlag, 11. Dezember 2013). ISBN 978-3-95471-197-0

Hörbuch: Beflügle dein Selbstbewusstsein, Selbstwertwertgefühl und dein Selbstvertrauen mit der Adler-Strategie. (abod-Verlag, 25. November 2013). ISBN 978-3-95471-125-3

Hörbuch: Selbstbewusstsein stärken für Kinder: Durch kindgerechte Selbsthypnose und Anleitungen selbstbewusster werden, fast wie im Schlaf. (abod-Verlag, 25. November 2013). ISBN 978-3-95471-200-7

Hörbuch: Selbstbewusstsein stärken für Jugendliche: Wie du als Jugendlicher in 7 Schritten dein Selbstbewusstsein wirksam ausbauen kannst. (abod-Verlag, 25. November 2013). ISBN 978-3-95471-201-4

Hörbuch: Insolvenz, Gerichtsvollzieher, Zwangsvollstreckung - Tatsachenbericht eines Überschuldeten. (abod-Verlag, 24. November 2013). ISBN 978-3-95471-180-2

Hörbuch: Das Geheimnis des erfolgreichen Lernens & Soforthilfe gegen Prüfungsangst: Ganzheitliches Lernen auf den Punkt gebracht. (abod-Verlag, 9. September 2013). ISBN 978-3954710751

Hörbuch: Motivationstraining mit dem Spitzensportler Michael Snehotta: Pushen Sie Ihre Motivation auf Weltniveau - hier erfahren Sie, wie! (abod-Verlag, 18. März 2013). ISBN 978-3-95471-103-1

Hörbuch: Selbstbewusstsein trainieren und die Macht der Sprache entfesseln: Sprachliche Durchsetzungskraft entwickeln und von innen heraus wachsen (abod-Verlag, 24. Februar 2013). ISBN 978-3-95471-079-9

Hörbuch: SelbstbewusstSein wie ein Fels in der Brandung: Durch Selbsthypnose mehr Selbstbewusstsein (abod-Verlag, 20. Januar 2013). ISBN 978-3-95471-073-7

Hörbuch: Selbstbewusstseinstraining durch Selbsthypnose: Innere Wachstumsimpulse erleben, fast wie im Schlaf (abod-Verlag, 20. Januar 2013). ISBN 978-3-95471-074-4

Hörbuch: Selbstbewusstsein stärken, aber wie?: Verstehen, ausbauen, stärken mit Tipps aus der Praxis (abod-Verlag, 24. Dezember 2012). ISBN 978-3-95471-067-6